Swami Rama

Ganzheitlich leben

Eine praktische Anleitung

Verlag
Ganzheitlich
leben

Titel der Originalausgabe:
Holistic Health

ISBN 0-89389-088-X

Tel.: 04102-898063 Fax: 898065
Internet: www.verlag-ganzheitlich-leben.de
e-mail: info@verlag-ganzheitlich-leben.de

Aus dem Englischen: Eva Hagenmüller
Titelgestaltung: Haro Wolter
Satz: Manfred Lotz
Herstellung: Books on Demand GmbH

ISBN 3-932185-03-X

Über den Autor

Swami Rama wurde 1925 in eine gelehrte Brahmanenfamilie hineingeboren, wuchs in den Bergen Himalaya auf und wurde als noch sehr junger Mann von einem großen Weisen zum Mönch geweiht. Er unternahm ausgedehnte Reisen zu vielen Klöstern und Höhlen des Himalaya und lebte und studierte mit über hundert Meistern in der Einsamkeit der Berge ebenso wie in den weiten Ebenen Indiens.

Von 1939 bis 1944 lehrte Swami Rama die Upanishaden und buddhistische Schriften an verschiedenen Schulen und Universitäten; danach studierte er bis 1947 die tibetischen Schriften. Im Jahre 1949, nach Jahren des Studiums und der einsamen Erforschung höherer Bewußtseinszustände, wurde Swami Rama Shankaracharya von Kavirpitham, eines der höchsten geistlichen Ämter Indiens. 1952 verzichtete er auf die Würde des Amtes, um sich darauf vorzubereiten, im Westen zu lehren und zu wirken.

Nach einigen Jahren des Studiums westlicher Wissenschaften kam Swami Rama 1970 erstmals in die USA und stellte sich dort der Menninger Foundation in Topeka, Kansas, für wissenschaftliche Experimente zur Verfügung. Dort demonstrierte er unter Laboratoriumsbedingungen die im Westen bis dahin unbekannte Kraft des menschlichen Geistes. Swami Rama gründete sodann das *Himalayan Institute for Yoga Science and Philosophy* mit dem Ziel, Meditationsverfahren und Yoga für das persönliche Wachstum und die ganzheitliche Gesundheit des Menschen von heute zu lehren. Er zeigte auf, wie sich die großen Religionen und Philosophien der menschlichen Kulturgeschichte ergänzen und gleichzeitig wissenschaftliche Forschung notwendig ist, um den Wissenshorizont zu erweitern.

Swami Rama ist Autor zahlreicher Bücher. Im Verlag ganzheitlich leben ist *Der Weg des Feuers und des Lichts* erschienen. Sein biografisches Hauptwerk *Leben mit den Meistern des Himalaya* wurde im Goldmann Verlag als Taschenbuch veröffentlich.

Alles Leiden, das Geist oder Körper befällt, hat seine Wurzel in Unwissenheit; alles Glück hingegen ist gegründet auf klare wissenschaftliche Erkenntnis.

Charaka

Inhalt

Einführung

(in die deutsche Ausgabe)

von Dr. Rudolph Ballentine

Der Mensch unserer Zeit ist nicht so gesund, wie man es erwarten sollte. Die Wissenschaft hat uns einen geradezu dramatischen technologischen Fortschritt und eine Material- und Maschinenflut beschert. All das haben wir auf dem Gebiet der Medizin angewandt, aber die Ergebnisse sind in keiner Weise zufriedenstellend. Während auf der einen Seite hochentwickelte Behandlungsmethoden für viele Krankheiten herausgefunden wurden, können auf der anderen Seite die Menschen heute keineswegs erwarten, daß ihr Leben ohne ernsthafte Gesundheitsstörungen und chronische Krankheiten verläuft. Die Behandlungsmethoden sind zunehmend komplizierter und abschreckender geworden, aber ein systematischer Weg vorbeugender Gesundheitspflege wurde nicht entwickelt.

In der Tat wissen wir heutzutage oft nicht genau, was wir mit dem Ausdruck "Gesundheit" eigentlich meinen. Im Kontext der modernen technologischen Medizin scheint der Terminus "Gesundheit" nicht mehr zu bedeuten als die Abwesenheit von Krankheit. Die Wertschätzung der Gesundheit als eines positiven und kostbaren Gutes an sich ist verlorengegangen.

Angesichts dieses Dilemmas ist es tröstlich und erfrischend zu entdecken, daß bestimmte uralte Traditionen der Gesundheitsfürsorge und -pflege uns hier eine ganz andere Perspektive verschaffen können. Gesundheit wurde dort nicht bloß als Zuflucht vor den zerstörerischen Auswirkungen von Krankheit, sondern vielmehr als ein Zustand insgesamten Wohlbefindens betrachtet, der Wachheit, Bewußtheit und die Fähigkeit einschloß, forschend nach den höchsten Zielen, die menschlichem Potential erreichbar sind, und nach höchstem Bewußtsein zu streben. So gesehen, ist Gesundheit ein positiv definierter Wert, ein Schritt vorwärts in Richtung auf die Erfüllung und Verwirklichung des dem Leben innewohnenden Potentials und damit ein Faktor, der uns instand setzt, die Evolution der Menschheit voranzutreiben. Die Worte 'hale' (kräftig und gesund), 'whole' (ganz und heil), 'holy' (heilig) und 'health' (Gesundheit) haben alle die gleiche Wortwurzel. Solche philosophischen und spirituellen Betrachtungen mögen weit weg erscheinen von der Praxis des sich-gesund-Erhaltens. Aber sie sind dennoch von Bedeutung, wenn wir unser Ziel Gesundheit in einem umfassenderen, mehr ganzheitlichen Sinn verstehen wollen. Ja, es ist sogar notwendig, jene philosophischen und spirituellen Aspekte fest im Blick zu behalten, damit wir die Weisheit und Klarheit des Geistes aufbringen zu sehen, welche praktischen Maßnahmen ergriffen werden müssen, um eine stabile Gesundheit wiederzuerlangen und aufrechtzuerhalten.

Man sagt oft, daß es um so länger dauert, eine Rede vorzubereiten, je einfacher sie ist. Komplexe technische Ausführungen sind relativ einfach zu schreiben; solche komplexen Sachverhalte jedoch in verständliche und gebräuchliche Sprache zu bringen, erfordert ein tiefes Erfassen und Verstehen des Themas. Für Swami Ramas Bücher und Vorträge ist eine seltene

Eleganz sowie Ökonomie in Wort und Satz charakteristisch und eine Relevanz und Anwendbarkeit, die einen jeden von uns anspricht und erreicht und uns einfache Richtlinien anbietet für die ersten Schritte in Richtung Selbsthilfe und Selbsttransformation.

Wir haben das Glück, dieses Elementarbuch für uns nutzen zu können, das von einem Menschen geschrieben wurde, der als Hüter der ältesten und ehrwürdigsten Prinzipien der Philosophie, Psychologie und Meditation respektiert und anerkannt wird. Swami Rama, der in einer authentischen und zeitlosen Tradition steht, hat mehrere Jahrzehnte im Westen verbracht und sich mit den Bedingungen und Dilemmas des modernen Lebens vertraut gemacht. Aus den Resultaten dieser Erfahrungen zusammen mit der Weisheit der Tradition, die er verkörpert, hat er die notwendigen Einsichten und Perspektiven gewonnen, um den Menschen fundamentale Richtlinien zu geben, die ihre Gesundheit verbessern und sich vorbereiten wollen, in ihrer inneren Entwicklung voranzuschreiten.

Im Zusammenhang mit den zunehmend zahlreicher veröffentlichten Büchern und Schriften über ganzheitliche Gesundheit wird dieser kleine Führer mit Sicherheit ein geschätzter Klassiker werden, den man wieder und wieder lesen sollte.

Dr. Rudolph M. Ballentine
Präsident des Himalaya
Instituts in Honesdale,
Pennsylvania, U.S.A.

1

Was bedeutet "ganzheitlich leben"?

Unsere moderne Zivilisation nimmt für sich in Anspruch, sehr produktiv, schöpferisch und einfallsreich zu sein. Doch vor hundert Jahren gab es viele Krankheiten gar nicht, die uns heute plagen, und täglich entstehen neue. Zwar sind wir alle noch am Leben, doch bei den meisten von uns beschränkt sich dies auf ein bloßes Existieren. Nur sehr wenige von uns haben wirklich so etwas wie eine Kunst zu leben entwickelt. Ein Grund dafür ist, daß das Leben heute sehr künstlich geworden ist. Viele Menschen machen sich Gedanken darüber, ob sie in ihrer Vernachlässigung der natürlichen Hilfsquellen nicht zu weit gegangen sind und sich von künstlichen Hilfsmitteln allzu abhängig gemacht haben. Ein Leben, das auf künstlichen Hilfsmitteln basiert, schwächt die natürlichen Widerstandskräfte, und dieser Albtraum erfüllt den modernen Menschen mehr und mehr mit Angst. Viele Menschen scheinen ihr ganzes Leben damit beschäftigt zu sein, sich von selbstgeschaffenen Leiden zu befreien. Gibt es denn für den Menschen kein höheres Ziel, als diese Art von Leiden loszuwerden?

Kein medizinisches System bietet ein Heilmittel an gegen einen solchen selbstgeschaffenen Zustand. Es gibt nur die

Möglichkeit zu begreifen, daß der Einzelne sich diese Art Unglück selber schafft und daß nur er selbst lernen kann, wie man es verhindert. Mit dem Reichtum der Natur um uns herum und dem Bewußtseinszentrum[1] in uns sollten wir in der Lage sein, gesund und harmonisch zu leben. Aber da wir uns selbst Barrieren geschaffen haben, innen wie außen, ist uns der direkte Kontakt zu diesen Kräften verlorengegangen. Alle Menschen haben das innere Potential und die Fähigkeit, vollkommen gesund zu sein, aber in der Welt von heute mit ihren sozialen und wirtschaftlichen Zwängen haben sie vergessen, daß sich alles zuerst tief im Innern ereignet, bevor es sich auf der körperlichen und geistig-seelischen Ebene äußert. Man muß sich seine inneren Fähigkeiten und Kräfte erschließen und sie so weit wie möglich nutzen, um sich vollkommen gesund zu erhalten.

Wenn wir unsere Aufmerksamkeit zunächst auf den Körper richten, so stellen wir fest, daß all seine Zustände und Gefühle von innen her, von bewußten und unbewußten geistigen Kräften gesteuert werden. Dann erkennen wir, daß die geistige Seite der Gesundheit wichtiger ist als die körperliche, und weiter, daß die spirituelle[2] Seite der Gesundheit noch wichtiger ist als diese beiden. Wenn man beginnt, die verschiedenen Schichten des eigenen Wesens wahrzunehmen und lernt, immer tiefer in sie einzudringen, bis man durch sie hindurch und über sie hinausgelangen kann, wird einem schließlich die am wenigsten faßbare

1. Das Bewußtseinszentrum ist in der Yogaphilosophie soviel wie das "Selbst" oder "atman," also der unsterbliche, unveränderliche, göttliche Teil in uns, das, was wir Menschen letztlich und eigentlich sind. (Anm. d. Übers.)

2. Spirituell—dem Selbst, dem Streben nach höchstem Bewußtsein zugeordnet (Anm. d. Übers.).

Schicht der eigenen Existenz bewußt. Und zuletzt erkennt man das Zentrum des Bewußtseins ganz innen, das in verschiedenen Graden nach außen dringt. Dieses besondere Bewußtsein ist gemeint, wenn man von spiritueller Gesundheit spricht. Menschen, die dies verstanden haben, praktizieren die Kunst zu leben und zu sein. Wer sich dieses Zentrums dauernd bewußt bleiben kann, erfreut sich aller Gaben des Lebens.

In früheren Zeiten wußte man, daß der Mensch auf verschiedenen Ebenen leidet, nämlich auf der körperlichen, geistigen und spirituellen Ebene. Es gibt ein überliefertes Wissen über diese Dinge, und wenn der moderne Mensch lernen würde, dieses alte Wissen der heutigen Zeit anzupassen und anzuwenden, wäre er nicht so ungesund und verunsichert, wie er es heute ist. In den Upanishaden[1] heißt es: Wenn man sowohl *avidya* (weltliches, zeitgebundenes Wissen) als auch *vidya* (spirituelles Wissen) besitze, könne man glücklich sein, erfolgreich durch Verwirrung und Täuschung hindurchfinden und erlöst werden. Damals legte man Wert auf ein ganzheitliches Leben, d.h. man verstand den Menschen als ein Ganzes. Das Bemühen darum ist so alt wie die Menschheit selbst. Nur wenige Texte sind uns überliefert, die praktische Schritte beschreiben, um körperliche, geistige und spirituelle Gesundheit zu erlangen, und diese Texte werden nur von wenigen sehr fortgeschrittenen Yogis und Gelehrten verstanden. Ich wurde im Verständnis einiger dieser Manuskripte unterwiesen, und ich möchte dieses Wissen weitergeben.

1. Die Upanishaden sind Teil der Veden, der ältesten erhaltenen heiligen Sanskrit-Schriften. Sie sind mit Bhagavadgita und Yoga Sutras Grundlagenschrift der Yogaphilosophie. (Anm. d. Übers.)

Wenn man sich mit Gesundheit beschäftigt, so lernt man biologische, physiologische, psychologische und philosophische Konzepte kennen; ich jedoch möchte ein vollkommen anderes Konzept vorstellen. Ich möchte eine ganzheitliche Gesundheitslehre darbieten, welche all das oben Genannte einschließt, aber vom Standpunkt der Yoga-Philosophie aus gesehen. Ich möchte die Praktiken beschreiben, welche man im Himalaya seit Jahrhunderten lehrt und anwendet, um sich gesund zu erhalten, und ein paar einfache, wirksame Hinweise geben, die uns helfen, ein gutes und gesundes Leben zu führen. Hierbei will ich Gesundheit auf der körperlichen, geistigen und spirituellen Ebene untersuchen. Der Weg des Yoga zur Gesundheit ist denkbar einfach, logisch und praktisch. Die Betonung liegt auf den Worten *Yuktahar viharasya*—essen und leben, so wie man es wirklich tun sollte. Indem man einfach seine eigenen Fähigkeiten studiert und lernt, seine Ernährungsgewohnheiten, sein Handeln in der Welt und seine Denkprozesse zu steuern, ist es einem jeden möglich, Kontrolle über sein Leben zu gewinnen und gesund zu bleiben. Dies bedeutet nicht, daß man irgend etwas Unnatürliches oder Unmögliches tun muß; keine rigiden Einschränkungen sind nötig, denn mit den hier gegebenen Informationen kann jeder selbst entscheiden, was das Beste für ihn ist und Veränderungen nach seiner Wahl im Rahmen seiner Möglichkeiten anstreben.

Die Yoga-Übungen, die in den alten Manuskripten beschrieben werden, sind nicht nur körperlicher, sondern auch psychischer und spiritueller Natur, denn Yoga ist die Wissenschaft vom eigenen Bemühen, vom Selbststudium und von der Selbstwahrnehmung. Es ist eine wissenschaftliche Disziplin, die in Jahrtausenden vervollkommnet wurde. Die Yoga-Techniken sind erfolgreich. Sie sind von vielen erprobt und bestätigt worden. Wenn man aufrichtig und ernsthaft ihren einfachen Regeln folgt, wird man Erfolg haben. Regelmäßiges praktisches Üben läßt einen bald spüren, wieviel man durch seine eigenen täglichen Bemühungen erreichen kann. Und man lernt auf diese Weise allmählich den Weg zum Ziel verstehen.

Die alten Handbücher, auf die ich mich beziehe, erläutern die Wissenschaft vom Leben und nennen Techniken zur Verlängerung des Lebens mit Hilfe eines Systems, das ayurvedische Medizin genannt wird. *Ayur* bedeutet "Alter" und *veda* bedeutet "Wissenschaft von." Man entwickelte die ayurvedische Medizin, um den Alterungsprozeß unter Kontrolle zu bekommen. Ich habe Leute von sich sagen hören, daß sie sehr intelligent seien—was aber geschieht mit ihrer Intelligenz, wenn sie einmal ein Alter von siebzig Jahren erreicht haben? In unserer heutigen Gesellschaft werden Leute, die über siebzig oder achtzig Jahre alt sind, in ein Altersheim gesteckt. Unsere Theorie ist, daß sie nicht mehr zufriedenstellend kommunizieren können, und da sie nicht mehr für sich selbst zu sorgen in der Lage sind, sind sie nutzlos und eine Last. Der moderne Mensch verliert seine Intelligenz, bevor er alt wird—aber eigentlich sollten alte Leute am klügsten und am ehesten in der Lage sein, ihr Wissen weiterzugeben, da sie viel mehr Erfahrung haben. In alten Zeiten verloren die Menschen ihre Intelligenz nicht, wenn sie alt wurden. Im Gegenteil, je älter sie wurden, desto weiser wurden sie. Das ist der Unterschied: Wir werden alt und verlieren unsere Intelligenz; sie reiften mit zunehmendem Alter und wurden als weise betrachtet. Sie verstanden mehr, weil sie um die Macht des

Lebens wußten. Wir haben dieses Wissen verloren.

Viele akademisch gebildete Leute von heute sagen, daß die Menschen früher unwissend waren, aber ich stimme nicht mit ihnen überein. Die Menschen in früheren Zeiten wußten viel über das Leben. Und mehr noch, ihre Wissenschaft war sehr hoch entwickelt. Zum Beispiel wurden chirurgische Operationen von indischen Ärzten schon vor Hunderten von Jahren erfolgreich durchgeführt, und die Chinesen kannten bereits die Prinzipien der Impfung Jahrhunderte vor Jenners "revolutionärer" Entdeckung. Bei all diesen Errungenschaften ließen die alten Meister den Wert der Vorbeugung dennoch nicht außer acht. Die Hauptbetonung der alten Texte liegt auf einem ganzheitlichen Weg. Die Ernährung und eine ordnungsgemäße Ausscheidung wurden betont. Richtiges Atmen und Selbstkontrolle wurden gelehrt, und der Einfluß des Klimas wurde sorgfältig beachtet. Ihre Therapien waren auf die Bedürfnisse und die Konstitution des Einzelnen zugeschnitten. Da die alte Medizin mehr Wert auf Vorbeugung legte als auf medikamentöse Behandlung, beginnt die moderne Wissenschaft erst jetzt, die alten Erkenntnisse wieder in Betracht zu ziehen.

Unglücklicherweise glauben die meisten modernen Wissenschaftler immer noch an Ersatz, nicht an Vorbeugung. Sie würden eher Milliarden Dollars ausgeben auf der Suche nach einer Heilmethode für Krebs oder nach einem Verfahren, ein krankes Herz erfolgreich durch das eines Affen zu ersetzen, als die Gesetze von Gesundheit und Wohlbefinden zu studieren. Sie erkennen nicht, daß die vorbeugende Medizin der beste, einfachste und lohnendste Weg ist. Erst krank zu werden und dann die Krankheit wieder loszuwerden, ist eine schmerzhafte Erfahrung und außerdem eine Verschwendung von Zeit und Energie. Man sollte lernen, so für seinen Körper zu sorgen, daß er nicht zur Quelle ständigen Schmerzes und Elends wird. Man sollte Gewohnheiten ausbilden und üben, welche Gesundheit gewährleisten, anstatt solchen zum Opfer zu fallen, durch welche Krankheiten andauern. Es gibt zwei Methoden, dies zu tun—die eine ist äußerlich, die andere innerlich. Die meisten von uns sorgen für ihre Gesundheit, indem sie sich auf äußere Mittel stützen; aber physische Gesundheit bedeutet mehr, als nur enorme Muskeln zu entwickeln oder sich richtig zu ernähren oder auch noch superstarke Dosen von Vitaminen und Mineralien zu schlucken. Denn wenn ein Mensch nur seine Muskeln zu entwickeln lernt und seine geistigen Fähigkeiten nicht verwirklicht, wird er aufgrund dieses Mangels an geistiger Willenskraft und innerer Stärke leiden und immer ängstlich und unsicher bleiben. So werden Schmerz, Angst und Leid weiter existieren. Deshalb ist es wichtig, sich seiner eigenen inneren Welt bewußt zu werden und nicht nur von äußeren Gegebenheiten abhängig zu sein, denn innere Zufriedenheit und geistig-seelische Befriedigung sind die wahren Schlüssel zur Gesundheit.

Es ist Zeit, daß der Mensch erkennt, daß er nicht nur Körper ist. Er ist auch ein atmendes und denkendes Wesen—ein einzigartiges Individuum, das aus vielschichtigen Gefühlen, Begierden und Wünschen besteht. Aus diesem Grund wäre, auch wenn man jahrelang Ernährungslehre und Physiologie studierte oder sogar eine medizinische Ausbildung absolvierte, das dabei erworbene Wissen weder ganz befriedigend noch unbedingt nützlich zur Erhaltung einer vollkommenen Gesundheit: Denn das rein Körperliche, das Materielle, ist noch lange nicht alles. Der Körper ist lediglich eine äußere Hülle des Geistes, und der Geist ist eine äußere Hülle des Bewußtseinszentrums. Es ist sehr wichtig zu erkennen, daß der Körper ein Werkzeug ist und nicht das ganze Wesen. Obgleich der Körper ein sehr grobes Werkzeug ist, ist er doch das Instrument, das wir im täglichen Leben gebrauchen und durch das wir vieles lernen. So ist er doch sehr wichtig und notwendig und muß richtig gepflegt werden.*

Mit Hilfe des Körpers kann der Mensch zum Mond fliegen, aber nicht den tiefsten Grund seines eigenen Bewußtseins erfassen. Solange das Bewußtsein auf Körperbewußtsein beschränkt bleibt, kann der Mensch keine anderen Bewußtseinsebenen erreichen. Solange er sich nur mit seinem Körper identifiziert, wird ihm dieser viele Probleme und Hindernisse schaffen. Erst wenn der Körper in ein nützliches Werkzeug verwandelt worden ist, kann er als Ausdrucksmittel und zur Verständigung mit anderen dienen. Oft, wenn der Körper krank ist, wendet man ihm so viel Aufmerksamkeit zu, daß man dann die Kommunikation mit anderen nicht mehr so aufrecht erhalten kann, wie man es eigentlich sollte. Denn wenn der Körper leidet, richtet man seine Aufmerksamkeit auf den Schmerz. Anstatt etwas dazuzulernen, erleidet man Schmerzen. Der Mensch kann seinen Schmerz mit niemandem teilen, nicht einmal mit denjenigen, mit denen er seine Freude teilt. Ganz gleich, wie sehr ihn andere lieben, sie können seinen Schmerz nicht teilen. Sie können ihn lediglich trösten, indem sie seinen Geist ablenken.

Leben bedeutet, Beziehungen zu anderen Menschen her-

*S. Anmerkungen S. 141

zustellen, und ohne Kommunikation, ohne Verständigung, zerbröckelt beides, die Beziehungen und das Leben. Ohne einen gesunden Geist kann ein gut funktionierender Körper kein gutes Kommunikationswerkzeug werden. Selbst moderne Athleten beginnen, sich bewußt zu werden, daß es schwer ist, ohne einen gesunden Geist einen gut entwickelten Körper zu bekommen. Für zwischenmenschliche Beziehungen braucht man einen gesunden Körper und einen klaren Geist. Ein ungesunder Körper hält die geistigen Fähigkeiten einzig auf der körperlichen Ebene beschäftigt, und man kann dann an nichts anderes denken als an seinen Körper. Schmerz führt zu Ichbezogenheit. Es ist unmöglich, sich um einen anderen Menschen zu kümmern, wenn man beständig Schmerzen hat. Jeder Mensch hat anderen etwas zu geben, doch wenn ein Mensch nicht fähig ist, anderen zu dienen, weil er Schmerzen hat, dann ist er nicht gesund. Um Schmerzen überwinden zu können, muß er eine andere Lebensdimension finden, eine, die dem Körper übergeordnet ist.

Wenn ein Mensch anfängt, sich zu analysieren und sich selbst zu verstehen, dann erfährt er, daß er nicht nur Körper ist. Er hat so lange und so intensiv mit seinem Körper gelebt, und man hat ihm so oft gesagt, daß er sein Körper ist, daß er sich beständig mit ihm identifiziert. Dieser Glaube ist so stark, daß sich das Bewußtsein immer wieder auf den Körper allein bezieht, ganz gleich, was er etwa liest oder studiert und trotz einer anderen Auffassung, die ihn jemand lehrt.

Tatsächlich ist der Körper jedoch nichts weiter als ein Flughafen, auf dem das Flugzeug landet, das inneres Sein genannt wird. Unterbrich nun für einen Moment deine Lektüre. Versuche von deinem Stuhl aufzustehen. Beobachte genau. Du wirst sehr schnell merken, daß es nicht dein Körper ist, der da aufsteht, sondern daß etwas anderes in dir ist, das diesem Bündel aus Fleisch und Knochen befiehlt aufzustehen. Der Körper ist lediglich ein Instrument, das Befehlen gehorcht. Wenn man sich selbst sorgfältig beobachtet, stellt man fest, daß es in uns eine Mitte gibt, die die Macht hat, uns sicher stehen, still sitzen, uns bewegen oder warten zu lassen, wenn wir dies wünschen. Diese Mitte kann eines Menschen bester Verbündeter oder sein schlimmster Feind werden; sie ist die Ursache von Gesundheit oder Krankheit.

Der wichtigste Faktor für wahre Gesundheit ist die innere Einstellung. Viele Leute wollen tatsächlich krank, traurig und elend sein. Sie entwickeln diese Tendenz mehr und mehr, bis sie sich selbst dazu gemacht haben. Dann werden sie hilflos und wollen nicht wahrhaben, daß sie selbst verantwortlich sind für ihren schlechten Gesundheitszustand. Es ist wichtig für die Menschen zu erkennen, daß Gesundbleiben nicht bloß eine Frage der richtigen Ernährung, der Einnahme von Vitaminen und ausreichender körperlicher Bewegung ist. Entscheidender als all das ist es, den Geist gesund zu erhalten.

Eine gute geistige Gesundheit kann nicht erschüttert werden, was immer auch geschehen mag. Heutzutage sagen viele Leute, daß sie so viel Zeit mit Essen, Schlafen, Gesprächen und mit der Erfüllung anderer Pflichten verbrächten, daß es für sie nicht möglich sei, das Ziel menschlichen Lebens in dieser kurzen Lebenszeit zu erreichen. Deshalb möchten sie etwas über frühere Leben wissen, um ihre Verbindung mit der Vergangenheit zu verstehen. Es ist eine natürliche Neigung der Menschen, über vergangene Erfahrungen zu brüten. Es liegt auch in ihrer Natur, sich vorzustellen, was ihnen wohl die Zukunft bringen werde. Aber wenn sie so viel Zeit damit verbringen, über die Vergangenheit nachzudenken oder sich um die Zukunft Sorgen zu machen, lernen sie nie, im Hier und Jetzt zu sein. Sie können es nicht verstehen; sie können es nicht erfassen, und niemand kann ihnen beibringen, im Hier und Jetzt zu leben. In dem Augenblick, in dem sie an das Jetzt denken, ist es nicht mehr da. Man kann nicht gleichzeitig an das Jetzt denken und im Jetzt leben, aber wenn man einmal verstanden hat, was "jetzt" bedeutet, kommt man aus Vergangenheit und Zukunft heraus und lernt, in der Gegenwart zu leben. Wer es lernt, im gegenwärtigen Augenblick zu leben und ein Ziel hat, der kennt keine Traurigkeit, noch wird er je nach Stimmung oder Lebensumständen hin- und herschwanken.

Es gibt drei Kategorien von Menschen, die durch das Leben wandern: zeitorientierte, zielorientierte und sinnorientierte. Die zeitorientierten Menschen bewegen sich in der Welt, ohne zu verstehen, warum. Sie haben keine wirkliche Vorstellung von der Zukunft. Sie verbringen ihr Leben damit, sich eine idyllische Zukunft zurechtzuphantasieren oder indem sie Triumphe oder Niederlagen der Vergangenheit analysieren. Ihnen fehlt ein Gefühl für Disziplin und für einen Sinn im Leben. Da sie ständig in ihren eigenen Vorstellungen davon leben, wie es hätte sein können oder wie es werden könnte, versäumen sie, die Dinge so zu nehmen, wie sie sind, und fühlen sich deshalb ewig unzufrieden. Für solche Menschen ist es schwer, gesund zu bleiben und Erfüllung zu finden.

Die zweite Kategorie bilden die zielorientierten Menschen. Sie können sich körperlich und geistig bis zu einem gewissen

Grade beherrschen, und sie können ihre Pflichten den Umständen entsprechend erfüllen, aber ihre Vorstellungen vom Leben bleiben begrenzt. Ihre Ziele erschöpfen sich in weltlichen Errungenschaften wie zum Beispiel: "Ich möchte ein Haus haben, eine Frau, ein Auto, eine Arbeit und viele andere Dinge, die das Leben angenehm machen." Da ein höherer Sinn fehlt, bleibt ihr Leben auf materielle Ziele hin ausgerichtet. Sie glauben, daß diese Dinge sie befriedigen und den Sinn des Lebens darstellen, aber nachdem sie bekommen haben, was sie wollten, fühlen sie sich unerfüllt und verstehen nicht, warum sie es mehr als alles andere gewollt haben.

Die dritte Kategorie besteht aus jenen wenigen Individuen, die sinnorientiert sind. Was immer sie denken, sagen und tun, ist auf ihren Lebenssinn hin ausgerichtet. Sie bringen ihre Gewohnheiten in Ordnung und wissen, daß physische und geistige Gesundheit nicht zweierlei sind, sondern eine untrennbare Einheit bilden, die für eine ganzheitliche Gesundheit von wesentlicher Bedeutung ist. Für sie ist die Erhaltung guter körperlicher und geistiger Gesundheit wie das Instandhalten zweier feiner Instrumente, die man dazu benutzen kann, den Sinn des Lebens zu erfüllen. Wie immer man diesen Sinn auch nennt—ob Glück, Vollkommenheit, Gesundheit, einen Zustand der Ruhe, *nirvana, samadhi* oder Gott—ist unwichtig. Die Menschen dieser letzten Kategorie sind selten, aber sie sind in jeder Hinsicht gesund.

So ist nun klar, daß die Grundlage ganzheitlicher Gesundheit darin liegt, den Sinn seines Lebens zu erkennen und zu lernen, diesen Sinn zu erfüllen. Es gibt viele Fragen , auf die die Menschen eine Antwort haben wollen. Aber erst, wenn sie krank sind oder einmal nicht all die gewohnten Annehmlichkeiten des Lebens genießen oder wenn sie ein persönliches Unglück trifft, beginnen sie zu fragen: "Warum bin ich hier? Was ist der Sinn meines Lebens? Wo komme ich her? Wo gehe ich hin?" Dies sind keine kulturgebundenen Fragen. Es sind auch keine sozialen oder wirtschaftlichen Fragen. Es sind dies die einem jeden Menschen angeborenen Fragen, die dann aufkommen, wenn man das Leben zu erforschen beginnt. Jeder sieht sich früher oder später mit diesen Fragen konfrontiert. Ohne Antwort auf diese Fragen werden bloße körperliche oder geistige Gesundheit nicht den Sinn des Lebens erfüllen können. Eine Leere, ein Vakuum und ein Gefühl von innerer Unzufriedenheit werden bleiben. Z. B. verstehen Ehepaare oft nicht, warum sie immer noch unglücklich sind, nachdem sie schon so vieles ausprobiert haben auf der Suche nach dem Glück. Obgleich sie zusammen leben, einander lieben, aufrichtig und ehrlich zueinander sind und ihre Pflichten erfüllen, sind sie nicht voll zufrieden. Sie wissen nicht, warum sie unglücklich sind, denn sie kennen den Sinn ihres Lebens noch nicht. Es ist sehr wichtig für sie, die Ursache ihrer Unzufriedenheit zu erkennen, weil ihnen sonst aus dem Unbewußten Probleme enstehen, die sie nicht frei sein lassen. Denn wenn man weiß, woher man kommt und warum man da ist, und wenn man den Tod nicht fürchtet, dann kann man das Leben genießen, auch mit den Sinnen. Normalerweise können die Menschen die Freuden des Lebens nicht wirklich genießen, weil sie zu sehr mit ihren Ängsten beschäftigt sind. Sie machen sich Sorgen: "Was wird geschehen, wenn ich dies oder jenes verliere? Was wird geschehen, wenn einer von uns stirbt? Was wird sein, wenn plötzlich ein

Unglück geschieht?" Angst ist unser größter Feind, und wenn wir sie übermächtig werden lassen, bedroht sie sogar unseren Selbsterhaltungstrieb. Der Angst zu erliegen, kommt Selbstmord gleich. Aber die Menschen sind immer von Angst begleitet, da ist immer etwas, das es nicht zuläßt, daß wir uns voll unseres Lebens erfreuen. Erst wenn man einen Zustand frei von Angst erreicht hat, kann man alle Dinge innen und außen voll genießen.

Ich spreche hier nicht von Furchtlosigkeit, die ihren Grund in emotionaler Erregung oder Unwissenheit hat. Ich sah z.B. einmal einen gereizten Stier einen herannahenden Zug angreifen. Natürlich kostete ihn das sein Leben. Ich meine jene Furchtlosigkeit, die man dadurch erlangen kann, daß man das Leben so weit wie möglich durch vom Geist bestimmte Konzepte und Verhaltensweisen verstehen lernt. Die Menschen sind aufs Beste mit allem ausgerüstet, was sie brauchen, um diesen Zustand der Furchtlosigkeit zu erreichen, und nur aus ihm heraus können Glück, Weisheit und Erleuchtung erwachsen. Andernfalls ist Glück nur ein Wort, das man zwar buchstabieren kann, von dem man aber nicht wirklich weiß, was es ist, bevor man nicht von allen Ängsten frei wird.

Um dies zu verstehen, braucht man eine praktische Lebensphilosophie. Diese beginnt sich von dem Augenblick an zu entwickeln, da man bemerkt, daß sie bisher gefehlt hat. Buddha hat eine sehr brauchbare Lebensanschauung entwickelt. Er legte dar, daß es vier edle Wahrheiten gebe. Wenn man die begreife, könne man die gesamte Philosophie über das menschliche Leben verstehen. Buddha empfiehlt zunächst, man müsse akzeptieren, daß es im Leben Leid gebe. Man dürfe es nicht ignorieren, sondern man solle es stattdessen untersuchen und verstehen. Zweitens habe das Leid eine Ursache. Drittens gebe es eine Möglichkeit, die Ursache des Leidens zu beseitigen. Und viertens behauptet er, daß es einen Zustand frei von allem Leid gebe. Solange aber der menschliche Geist in Schmerz und Leid verwickelt sei, könne er niemals die Wahrheit erfassen. So sagt Buddha, wenn man lerne, dem Leid im Leben zu begegnen und Zeuge anstatt Opfer zu sein, dann könne man beginnen, sich am Leben zu freuen. Es gibt nichts Höheres als das Leben selbst. Die größte Freude der Welt liegt im Leben selbst, nicht in weltlichen Dingen. Wir kümmern uns viel um die Welt und um andere Menschen, nehmen jedoch nicht wahr, was in uns selbst vorgeht. Wir sollten akzeptieren, daß es so etwas gibt wie Leid und Schmerz und daß wir Angst davor haben. Die Weigerung, das anzunehmen, was sich uns entgegenstellt oder aufregt, führt dazu, daß wir Verteidigungsmechanismen entwickeln. Aber wenn wir Beobachter des Lebens werden, wird es uns möglich, auch das Leid, welches es mit sich bringt, anzunehmen. Das Problem beginnt dann, wenn man Schmerz, Elend, Probleme, Konflikte oder irgend etwas anderes Unbequemes nicht annimmt. Man sollte lernen, diese Dinge zu akzeptieren und mit ihnen umzugehen.

All die alten Schriften und weisen Menschen auf der Welt lehren, wie man zu einer ruhigen und ausgeglichenen Geisteshaltung gelangen kann. Warum sollte es nicht auch uns möglich sein, diese Verständnisebene zu erreichen? Wenn jemand in der Vergangenheit etwas getan hat, so kann es auch heute jemand tun; und wenn es heute einer tun kann, können es alle. Aber wir müssen dieses Wissen systematisieren. Die Techniken, die uns helfen, diesen Zustand vollkommener Gesundheit zu erreichen, müssen wir zunächst einmal verstehen, um sie dann anwenden zu können. Unseren heutigen Gesundheitsvorstellungen und Therapiemodellen, wie z.B. der modernen Psychotherapie, fehlen leider gewisse wesentliche Merkmale der Ganzheitlichkeit. Der ganzheitliche Weg sollte erzieherisch wirken und den Betroffenen lehren, wie er seinen körperlichen und seelischen Zustand selbst verbessern kann. Ganzheitliche Therapie sollte auf den einzelnen abgestimmt werden und ihn mit einem umfassenden Programm ausrüsten, das es ihm ermöglicht, zu wachsen und sein Bewußtsein zu erweitern und das ihm die nötige Kraft gibt, die er braucht, um nicht in die ausgetretenen Pfade seiner alten Gewohnheiten zurückzufallen. Diese Fertigkeiten müssen von jedem selbst gelernt und selbst geübt werden. Man sollte in seiner Motivation für dieses Lernen nicht vom Therapeuten abhängig sein. Die Motivation sollte vielmehr von innen her kommen. In dem Maße, wie der Betroffene seine Methoden der Selbstanalyse, Beobachtung, Selbstbeherrschung und Selbstwahrnehmung verbessert, wird er unabhängiger werden und besser in der Lage sein, mit den alltäglichen Problemen des Lebens fertig zu werden. Und was das Wichtigste ist, er wird auch lernen, sein innerstes Wesen zu verändern, und das wird ihn zu einem Zustand führen, der frei von Schmerz und Elend ist.

Wie geht man vor, um einen solchen Zustand umfassender Gesundheit zu erlangen? Der erste Schritt ist, das akzeptieren zu lernen, was einen unglücklich macht, denn erst dann kann man eine positive Einstellung aufbauen. Indem man lernt, die Seiten seiner Persönlichkeit zu akzeptieren, die einen unglücklich machen, wird man zu einem Verständnis der Ursache von Leid finden. Und erst, wenn man das zustandegebracht hat, kann man damit beginnen, ganz bewußt positive Veränderung vorzunehmen und seine Gewohnheiten neu aufzubauen. Der nächste Schritt auf dem Weg zu unserer Befreiung von Schmerz und Leiden und zu innerer Ruhe hin ist der, uns niemals starr Regeln aufzustellen, ohne dabei unsere körperlichen und geistigen Fähigkeiten zu berücksichtigen. Man mag sich z.B. vorgenommen haben, nachts nichts mehr zu essen. In dieser Nacht wacht man mit einem unbezähmbaren Heißhunger auf. Obwohl man einen festen Vorsatz gefaßt hat, ist dieses Verlangen so überwältigend, daß man schließlich nachgibt. Man geht zum Kühlschrank und fängt an zu essen. Nun fühlt man sich schuldig, weil man so schwachen Willens ist; das wiederum vergrößert noch den Appetit, und man ißt noch mehr. Am nächsten Morgen wacht man auf und fühlt sich krank und angewidert. Man glaubt, man werde nie die Kraft aufbringen können, seinen Versuchungen zu widerstehen, und so hört man auf, es überhaupt zu versuchen.

Anstatt sich mit Schuld und Niederlage abzufinden, sollte man lieber lernen, keine unrealistischen Erwartungen in Bezug auf sich selbst oder andere zu hegen. Wenn man sich ein realistisches Programm macht, wird man ermutigt. Wenn wir uns einfache, realistische Ziele setzen, dann werden wir auch Erfolg haben. Dann wird unsere Willenskraft nicht vergeudet, und wir können von Tag zu Tag unseren Fortschritt beobachten. Die Vergeudung von Willenskraft ist verheerend. Je mehr der Geist zerstreut ist, desto mehr wird die Willenskraft geschwächt. Wenn der Geist aber auf eine einzige Sache gerichtet ist, so schafft er einen dynamischen Willen. Wenn man seine eigenen Fähigkeiten nicht richtig einschätzen kann, fängt man an , von anderen und sogar von sich selbst zu viel zu erwarten. Deshalb sollte man die Fähigkeit entwickeln, sich selbst zu erforschen, denn nur dann kann man lernen, sich seiner eigenen Möglichkeiten bewußt zu werden.

Als nächstes sollte man seine eigenen Gedanken haben, unabhängig von Kultur und Religion, und aus diesen sollte man eine einfache und direkte Lebensphilosophie entwickeln. Man sollte flexibel und anpassungsfähig sein, in der Lage, den Erfordernissen des Augenblicks zu begegnen. Starrheit unterbricht den spontanen Fluß der Erinnerung, und das, was man doch eigentlich weiß, kann nicht hervorkommen. Es ist wirklich nicht schwer, das wieder zu wissen, was man bereits weiß. Wenn man sich erinnern möchte, erinnere man sich! Wenn man keinen Widerstand leistet, dann wird man es wieder wissen. Es sind die Barrieren und Widerstände, die einen davon abhalten, sich dessen bewußt zu werden, was man schon weiß. Die Menschen brauchen eigentlich keine Erleuchtung. Alle sagen, sie möchten erleuchtet werden, aber die Weisen sagen: "Nein, du behauptest zwar, du suchst Erleuchtung, aber mit deinen Gedanken und Handlungen baust du dir Hindernisse auf. Beseitige diese Hindernisse, und du bist bereits erleuchtet." Zwischen dir und der Wirklichkeit steht eine Wand, und wenn wir beginnen, diese Wand zu untersuchen, so entdecken wir, daß einer ihrer Grundsteine die tief innen verwurzelte Angst ist. Wir sollten lernen, uns von ihr zu befreien, aber um das zu lernen, dürfen wir uns keine starren Regeln aufstellen. Zahllose Gesetze regieren das menschliche Leben, und viele davon sind uns bis heute unbekannt. Fragen wir z.B. einmal die Physiker, warum sich Elektronen zu Protonen hin bewegen und warum Protonen in Richtung Kern gehen. Sie können nicht antworten, weil sie es nicht wissen. Doch wenn wir inwendig zu forschen beginnen und das aufdecken, was bereits in uns ist, werden wir beginnen, die fundamentalen Gesetze der Natur zu sehen, zu erfahren und zu verstehen. Und wenn wir uns noch weiter in uns selbst vertiefen, werden auch noch die feineren Gesetze in unser Bewußtsein kommen. Dann wird nichts unmöglich sein. Die großen Weisen, welche besondere Fähigkeiten entwickelten, wußten ganz einfach um die feineren Gesetze der Natur. Ihre Fähigkeiten beruhen nicht auf einer speziellen Begabung; das menschliche Leben ist die einzige Gabe. Diese Weisen bildeten ihr Wissen aus; und durch das Erfassen der feineren Gesetze erlangten sie dann die Kontrolle über sie.

Jeder Mensch sollte sich einen Plan machen. Viele Leute machen keine Pläne, und wenn sie das nicht tun, so können sie niemals etwas zustandebringen; sie können ihre Willenskraft nicht entfalten. Man sollte ein Lebensprogramm haben und dafür arbeiten. So baut man auf. Unaufhörlich für nichts zu arbeiten, ist kein Wachstum, aber wenn man für etwas arbeitet und ein Programm für morgen hat, an das man denken kann, dann wird das Leben zu einem wundervollen Poem. Es stehen jedem Menschen so viele Fähigkeiten zur Verfügung, die er ganz bewußt ausbilden kann, um Freiheit von allem Schmerz, von Elend, Krankheit und Unordnung zu erlangen. Diese Fähigkeiten werden in den alten Schriften geschildert, aber die Idee der ganzheitlichen Gesundheit sollte nicht in Büchern begraben bleiben. Sie sollte in die Tat umgesetzt werden, damit eine gesunde Gesellschaft aufgebaut werden kann. Dies ist möglich und kann erreicht werden, wenn wir diese Wahrheiten auf systematische Weise anwenden. Der Prozeß beginnt, indem wir über die Gesetze, die unseren Körper regieren, Kontrolle gewinnen. Das ist die erste Stufe dieses Wissens.

2

Reinigung

Die alten Yoga-Manuskripte beschreiben zwei Systemgruppen im menschlichen Körper: Das eine System ist dazu da, den Körper zu reinigen, das andere, um ihn zu ernähren. Beide arbeiten harmonisch zusammen und halten sich gegenseitig im Gleichgewicht. Bei der Schilderung, wie man seinen Körper gesund erhalten kann, lenken die Yoga-Handbücher die Aufmerksamkeit zunächst einmal auf die Systeme, die mit der Reinigung des Körpers beschäftigt sind: die Lungen, die Poren, die Nieren und den Darm. Man sollte darauf achten und dafür sorgen, daß sich die Lungen rhythmisch ausdehnen, daß die Poren richtig arbeiten, daß die Nieren normal funktionieren und daß die Verdauung regelmäßig ist. Man sollte versuchen, seine natürlichen Reinigungssysteme zu verstehen und lernen, sie zu kontrollieren und zu unterstützen, denn wenn die Reinigungssysteme nicht ordentlich funktionieren, können die Nahrungsverwertungssysteme ihre Arbeit nicht tun. Und dann wird der Körper anfangen, mit Ausfallerscheinungen und Krankheiten zu reagieren. Man kann ja auch z.B. nicht einatmen, wenn man nicht zuvor ausgeatmet hat. Wenn man nicht zuerst Stuhlgang gehabt hat, kann man auch nicht mit Genuß essen. Widerstand und Unregelmäßigkeit schaffen Unordnung und Unbehagen im Körper, und wenn sich der Körper unwohl und krank fühlt, bleiben auch der Geist unter Streß und das Nervensystem unter Anspannung.

Man braucht nicht hochgebildet zu sein, um die Natur der Körpersysteme zu verstehen. Wenn man z.B. auf die Toilette muß, liegt es doch auf der Hand, daß es nicht gut sein kann, das aufzuschieben. Und doch habe ich sehr gebildete Leute, ja sogar Ärzte, diesen Reinigungsprozeß behindern sehen. Das ist nicht gesund. Um einen gesunden Körper heranzubilden, muß man bestimmte Gewohnheiten entwickeln, die die natürlichen Körperprozesse unterstützen. Man sollte nicht faul sein. Man sollte lernen, seine Gewohnheiten zu regeln und konsequent, achtsam und mäßig zu sein.

Es gibt ein paar sehr einfache Übungen, um das Leistungsvermögen der vier Ausscheidungssysteme des Körpers aufrechtzuerhalten. Obgleich alle in den Handbüchern erwähnten Übungen wichtig sind, sind doch diejenigen unter ihnen am wichtigsten, die mit der regelmäßigen Bewegung der Lungen zu tun haben. Es ist wichtig zu verstehen, warum man diese verschiedenen Atemübungen machen sollte, denn atmen ist wichtiger als essen. Es gibt Yoga-Handbücher, die sich ausschließlich der Atemwissenschaft widmen, denn richtiges Atmen ist die Grundlage guter Gesundheit. Die Atmung ist die Brücke zwischen Körper und Geist. Sie ist das feine Thermometer, das den jeweiligen Zustand von Körper und Geist registriert. Die Atmung ist der Quell des Lebens. Man kann wochenlang ohne Nahrung leben, tagelang ohne Wasser, aber nur wenige Minuten, ohne zu atmen. Richtiges Atmen ist der Schlüssel zu guter Gesundheit. Erst jetzt beginnen moderne Wissenschaftler die

Beziehung zwischen Atemkontrolle und Physiologie zu verstehen. Es ist nachgewiesen worden, daß man durch einfache Atemübungen den Herzschlag, die Hauttemperatur, die Verdauung und andere Organfunktionen kontrollieren kann, von denen man bis vor kurzem angenommen hatte, daß sie außerhalb unserer bewußten Kontrollmöglichkeiten lägen. Die Yogis jedoch besitzen dieses Wissen seit Tausenden von Jahren und wenden es an.

Die Atmung ist ein Vehikel für die Energie, die *prana* genannt wird, und Ein- und Ausatmung funktionieren beständig wie zwei Wächter in der Stadt des Lebens. Bei der Ausatmung werden die verbrauchten Gase ausgestoßen, und bei der Einatmung wird der Körper mit Lebensenergie versorgt—Energie und *prana* aus der Atmosphäre. Wenn man kontrolliert und regelmäßig zu atmen versteht, kann man sich vor vielen Krankheiten schützen und sein seelisches Gleichgewicht erhalten. Abwechselnd durch je ein Nasenloch zu atmen, hat sich als sehr nützlich erwiesen bei Behandlungen von nervösen Störungen, und tiefes, gleichmäßiges Atmen kann Spannungen abbauen helfen. Auch dies hat die moderne Forschung jetzt bestätigt, und es sind Menschen von hohem Blutdruck, Spannungskopfschmerzen und Angstzuständen geheilt worden, einfach dadurch, daß sie gelernt haben, mit dem Zwerchfell zu atmen und sich zu entspannen. Deswegen sollte man genauso, wie man auf seine Ernährung achtet, auch auf seine Atemgewohnheiten achten.

Man sollte Ein- und Ausatmung genau wahrnehmen und darauf achten, daß sie gleichmäßig sind, denn das reinigt die Lungen. Die alten Meister erwähnen verschiedene Atemtechniken, die sie erprobten und für diesen Zweck nützlich fanden.

Diese Atemtechniken umfassen *nadi shodanam, kapalabhati, bhastrika* und viele andere.[1] Jedermann kann die einfacheren Übungen zur Schulung des Atembwußtseins machen, aber die fortgeschrittteneren Techniken, bei denen der Atem angehalten wird, sollten nur unter Anleitung eines kompetenten Lehrers geübt werden.

Wenn man anfangen will, richtiges Atmen zu lernen, sollte man zunächst einmal die Zwerchfellatmung einüben. Wenn man auf diese Weise atmet, kann man die Bewegung der Lungen kontrollieren, die im Körper wie das Schwungrad einer Maschine arbeiten. Das Zwerchfell ist ein kuppelförmiger Muskel, der unterhalb der Lunge sitzt. Man atmet ein, indem man das Zwerchfell zusammenzieht und damit herunterdrückt. Durch diesen Druck nach unten tritt der Leib etwas heraus, und die Lungen saugen sich voll mit Luft. Entspannt man das Zwerchfell, so kehrt es in seine ursprüngliche Lage zurück. Durch richtige Zwerchfellbewegung kann man eine vollkommene körperliche Entspannung und ein tiefes Gefühl der Ruhe herbeiführen. Man kann einen überforderten Körper beruhigen und die inneren Streß-Reaktionen zum Abklingen bringen.

Man kann sich angewöhnen, auf diese Weise zu atmen, indem man ein paar Tage lang die Zwerchfellbewegungen aufmerksam beobachtet. Dies geht am besten, wenn man sich auf den Rücken legt und die eine Hand auf der Brust und die andere auf dem Bauch ruhen läßt. Beim Atmen versuche man nun, sich vorzustellen, daß man in den Bauch und die Becken-

1. Zur weiteren Information siehe auch: "Lectures on Yoga" von Swami Rama und "Science of Breath" von Swami Rama u.a., Veröffentlichungen des Himalaya Institutes.

gegend hineinatmet. Wird dies richtig gemacht, bewegt sich die Hand auf der Brust nicht, während sich die Hand beim Einatmen heben und beim Ausatmen senken sollte. Dies kann auch im Stehen geübt werden. Während man Kopf, Nacken und Rumpf gerade hält, lege man seine Hand auf den Bauch und beobachte die Bewegung des Zwerchfells. Man sollte beim Ausatmen den Bauch leicht einziehen und ihn dann beim Einatmen heraustreten lassen. Man fülle die Lungen, aber ohne zu übertreiben. Wenn man anfängt, beim Atmen das Zwerchfell zu benutzen, so wird das innerhalb von zehn Tagen zur Gewohnheit. Üben Sie es jeden Tag ein paar Minuten morgens und abends, das hilft, eine Gewohnheit daraus zu machen, die zu einem wichtigen Teil Ihres Lebens wird. Eine gute Zwerchfellatmung gehört zu den wichtigsten bewußten Handlungen, denn sie erzeugt mit Sicherheit ein Gefühl von Ruhe, vermindert Streß und Spannung und verlängert das Leben um Jahre.

Will man richtig atmen lernen, so muß man auf vier grundlegende Dinge achten. Erstens sollte man lernen, bei jedem Atemzug die Lungen vollständig zu füllen. Man sollte lernen, tief zu atmen; das ist sehr einfach, wenn man sich dessen bewußt ist, was man gerade tut. Beim tiefen Atmen kann man seine Lungenkapazität voll ausnutzen, und nach und nach wird man feststellen, daß diese Kapazität wächst.

Zweitens sollte man sich vergewissern, daß man während des Übens keine langen Pausen zwischen Ein- und Ausatmung macht. Das ist sehr wichtig. Man kann schlechte Gewohnheiten entwickeln, wenn man nicht vorsichtig und bewußt vorgeht. So ist jede Pause, die länger als ein Augenblinzeln dauert, ein

Zeichen für ein sehr schwach entwickeltes Atmungssystem. Im Himalaya Institut hat man Versuche durchgeführt, um Atemmuster aufzuzeichnen. Dabei wurde entdeckt, daß jeder, der nach dem Ausatmen eine lange Pause macht, entweder schon bestimmte Symptome von Herzkrankheiten aufweist oder aber durch diese Atemweise in seinem Körper eine Neigung zu zukünftigen Krankheiten der Herzkranzgefäße entwickelt.

Das dritte, was man beim Atmen beachten muß, ist der regelmäßige Fluß von Ein- und Ausatmung. Der Atem sollte weich und mühelos fließen, keinesfalls ruckweise oder stoßend gehen. Wenn jemand einen seelischen Schock erleidet, so wird das in der Atmung als ein Ruck oder Stoß verzeichnet. So können Gefühlsreaktionen die Arbeit der Lungen und der Pumpstation, des Herzens, stören. Dies wiederum stört den Vagus-Nerv und das übrige vegetative Nervensystem. Wenn die Atmung gleichmäßig fließt, erfolgt Entspannung; wenn sie unregelmäßig geht, kann der Körper nicht zur Ruhe kommen. Wenn man ein Baby im tiefen Schlaf beobachtet und die rhythmischen Bewegungen des Bauches verfolgt, so kann man sehen, was richtiges Atmen heißt.

Viertens und letztens sollte man Atemgeräusche vermeiden, da sie ein Zeichen für die Behinderung des Atemflusses in den Nasenlöchern sind. Die Atmung sollte geräuschlos und ruhig erfolgen. Wenn man es richtig macht, wird man beim Einatmen ein Gefühl der Kühle am Eingang der Nasenlöcher empfinden und ein Gefühl der Wärme bei der Ausatmung. Wenn jedoch der Atemfluß in den Nasenlöchern auf Hindernisse trifft und man diese nicht beseitigt, so beginnt man durch den Mund zu atmen, was als ständige Praxis nicht gesund ist.

Ferner gibt es da ein paar Dinge, die uns die Anatomie nicht lehren kann: Eins davon ist z.B., daß es einen Unterschied macht, ob ich durch das rechte oder das linke Nasenloch atme. Grund dafür sind die winzigen Nervenenden, die auf der Höhe der Nasenwurzel aus dem Schädel in die Nase hineinreichen. Diese Nervenenden führen direkt zum Gehirn und werden durch Gerüche und durch das Vorbeistreichen der Luft stimuliert. Luft, die durch das linke Nasenloch fließt, löst Nervenimpulse in einem Teil des Gehirns aus, der für Ruhe und Entspannung zuständig ist, während bei vorwiegender Atmung durch das rechte Nasenloch der Körper mehr auf aktive Prozesse, wie z.B. Verdauen, eingestimmt wird. Es ist wissenschaftlich anerkannt, daß bei ständiger Blockierung eines der beiden Nasenlöcher häufig Schmerzen und Kopfweh auftreten. Mehr noch: als man die Schleimabsonderung beider Nasenlöcher untersuchte, entdeckte man, daß sie unterschiedliche elektrische Spannung aufweisen—positive auf der einen, negative auf der andern Seite.

Aus all dem geht hervor, daß die Nasenlöcher sehr empfindliche, wichtige anatomische Strukturen darstellen, mit denen sehr sorgsam umgegangen werden muß. Z.B. sollte man die Nase regelmäßig reinigen, was man auf verschiedene Weise tun kann. Eine Art der Reinigung ist *neti kriya.* Man gießt lauwarmes Salzwasser erst in das eine und dann in das andere Nasenloch, so daß das Wasser auf der jeweils anderen Seite wieder herausfließen kann. Dieses Verfahren hilft, Erkältungen, Allergien und Heuschnupfen vorzubeugen. Eine andere Methode wird *sutra neti* oder Schnurreinigung genannt. Hierfür wird ein Stück sterilisierte Baumwollschnur an einem Ende mit Bienenwachs stumpf gemacht und sanft in das Nasenloch eingeführt, bis man es auf der Zungenwurzel fühlen kann. Dieses Schnurende ergreift man, zieht es durch den Mund heraus und bewegt den Faden sanft hin und her. Wenn man ihn dann wieder herauszieht, ist die Nasenhöhle frei. Beide *kriyas* beseitigen überschüssigen Schleim, öffnen verstopfte Atemwege und erleichtern dadurch das Atmen.

Wenn jemand gelernt hat, richtig zu atmen, so wird er bald merken, daß sein Denken sehr klar geworden ist. Und wenn jemand gelernt hat, seine Lungentätigkeit so zu regulieren, daß er flaches Atmen, Pausen, ruckweises Atmen und Geräusche auszuschließen in der Lage ist, dann hat er alles getan, was für die Reinigung der Lungen möglich ist.

Atemregulierung ist wichtig zur Reinigung der Lungen, aber Atemkontrolle kann auch dazu benutzt werden, die Poren zu reinigen. Die Yoga-Handbücher beschreiben viele nützliche Reinigungsverfahren, darunter 108 Arten von Bädern—Wannenbäder, Kräuterbäder, Sonnenbäder—ja, es gibt ganze Bücher, die sich nur mit dem Baden beschäftigen. Alle diese Bäder wirken äußerlich bis auf eines, und das ist das beste von allen: Es wird das *prana*—Bad genannt. Hierbei setzt man sich weder Wasser noch Sonne aus, man sitzt einfach nur still da. Wenn man in Wasser badet, reinigt man seine Poren nicht. Ein äußerliches Bad kann nur die obersten Hautschichten reinigen. Wenn man jedoch ein Dampfbad oder ein Saunabad nimmt, so öffnen sich durch die Hitze die Poren und werden sauber. Beim *prana*—Bad ist es ähnlich, aber die Hitze wird innerlich durch willentliche Atmung erzeugt.

Diese Porenreinigung durch die Atmung sollte nur von jenen fortgeschrittenen Schülern durchgeführt werden, die die

Methode des Atemanhaltens gelernt haben. Diese Übung wurde für Schüler entwickelt, die in Höhlen leben mit dem Ziel, *samadhi* zu erreichen. Für sie ist es unwesentlich, sich dem Sonnenlicht auszusetzen. Das *prana*—Bad ist besser als ein Sonnenbad oder irgendein anderes Bad. Es wird in der klassischen Meditationshaltung durchgeführt, indem man den Bauch einzieht und bei Anal- und Kehlverschluß den Atem anhält. Aber das muß sehr vorsichtig und richtig gemacht werden, sonst wird das zarte Lungengewebe verletzt. Normalerweise genügen die früher beschriebenen vorbereitenden Atemübungen, um die Poren zu reinigen.

Schlechter Geruch und Verfärbung der Haut sind Symptome eines schlechten Gesundheitszustandes; wer Deodorants, künstliche Seifen, Hautwasser oder Medikamente für die Haut benutzt, versteckt oder verdeckt diese Tatsache bloß. Wenn man so durch die Benutzung von Deodorants und anderen Chemikalien die natürlichen Entgiftungsprozesse des Körpers behindert oder gar unterdrückt, schafft man sich damit nur Probleme für die Zukunft. Diese zusätzlichen Gifte müssen nun auch noch von den Nieren ausgeschieden werden, und das bedeutet eine außerordentliche Belastung für sie. Es ist vorgesehen, daß der Mensch schwitzt. Das hat einen Sinn und einen Zweck, und wenn man seinem Reinigungssystem ins Handwerk pfuscht, macht man sich selbst krank. Außer mit dem *prana*—Bad kann man eine Porenreinigung auch mit bestimmten fortgeschrittenen Yogaübungen erreichen, z.B. mit dem Pfau, dem Kopfstand und der Blasebalgatmung. Tatsächlich kann man damit eine bessere Reinigung erzielen als durch Dauerlauf oder andere anstrengende Übungen.

Einige spezielle Übungen, *kriyas* genannt und ebenfalls in den alten Handbüchern beschrieben, dienen der inneren Reinigung. Nach Durchführung dieser Techniken fühlt man sich erfrischt und von überschüssigem Schleim und anderen Abfallstoffen gereinigt. Deshalb werden sie für den regelmäßig Übenden so wichtig wie für andere das normale Bad. Zunächst gibt es da die obere Reinigung, bei der Magen und Bronchialwege gesäubert werden. Man geht in die Hocke und trinkt etwa drei Liter lauwarmes Salzwasser so schnell und so zügig wie möglich und erbricht es dann wieder. Das tut man auf nüchternen Magen und trinkt hinterher nur Säfte. Eine andere Übung, *dhauti* genannt, ist dazu bestimmt, überschüssigen Schleim aus Speiseröhre und Magen zu entfernen. Dazu schluckt man ein etwa 7,5 cm breites sterilisiertes weißes Baumwollband von ungefähr 7 m Länge. Der natürliche Brechreiz hilft dabei, das Band mit dem Schleim schnell wieder herauszubekommen. Diese Reinigungsmethoden mögen anfangs schwierig anmuten, aber einmal gelernt, sind sie leicht.

In der modernen Wissenschaft wird Schleim nur als eine Absonderung der inneren Organe angesehen. Für die Yogis jedoch ist Schleim nicht nur ein notwendiges Sekret zum Schutz der zarten inneren Häute, sondern auch eine Ausscheidung, eine Möglichkeit des Körpers, sich selbst von Giften zu säubern. Deshalb wurde eine erhöhte Schleimproduktion von den Alten seit jeher als ein Zeichen schlechter Gesundheit angesehen. Viele Lungen- und Magenleiden, wie z.B. Asthma und bestimmte Arten von Verdauungsstörungen, haben sich einfach durch die Anwendung dieser Reinigungsmethoden gebessert.

Genauso wichtig wie die Regulierung der Lungentätigkeit

und der Ausscheidung durch die Poren ist die Regulierung von Darm- und Nierentätigkeit. Die Nieren sind die widerstandsfähigsten Filter im Körper, aber sie brauchen jeden Tag eine natürliche Reinigung. Wie kann man die Nieren reinigen? Die alten Meister fanden heraus, daß das beste natürliche Mittel zur Reinigung der Nieren die Molke ist. Ich habe damit experimentiert und kann das bestätigen. Molke ist die Flüssigkeit, die zurückbleibt, wenn man aus Milch Quark herstellt. Wenn die Milch kocht, fügt man den Saft einer ausgepreßten Zitrone hinzu, und wenn sie dann geronnen ist, seiht man sie durch. Es bleibt eine klare Flüssigkeit übrig: die Molke. Molke hat keinen besonderen Geschmack, deshalb kann man ein wenig Honig hinzufügen, wenn man mag. Man sollte sie jedoch nicht heiß trinken. Regelmäßig angewandt, ist Molke ein sehr gutes harntreibendes Mittel.

Eine andere Möglichkeit, die Nieren zu reinigen, besteht darin, viel zu trinken. Verstehen Sie mich nicht falsch: Ich meine damit nicht, daß Sie süßen Sprudel trinken sollen. Alle kohlensäurehaltigen und alkoholischen Getränke sind ungesund, weil sie den Darm reizen und Ablagerungen in den Nieren hinterlassen. Ich vermeide es auch, Leitungswasser zu trinken, weil es oft viele Chemikalien enthält, und das reizt Darm und Nieren ebenfalls. Ich trinke Brunnenwasser, aber der Brunnen sollte jedes Jahr gesäubert werden. Quellwasser ist auch gut. Dort, wo ich früher lebte, sprudelte ein Bach, aus dem ich trank, aber als ich in die Stadt kam, fand ich das Wasser in Flaschen verpackt. Ganz gleich, wie gut ein Wasser ist, wenn es für längere Zeit in Flaschen abgefüllt bleibt, verändern sich seine Eigenschaften. Diese halten sich nämlich nicht lange, und deshalb empfehle ich nicht, abgefülltes Wasser zu trinken.

Die beste natürliche Flüssigkeit, die man zu sich nehmen kann, ist frischer Obst- oder Gemüsesaft. Frischer Orangensaft, Gurkensaft oder Zitronenwasser, ein Glas morgens, oder, falls notwendig, auch zwei, ist sehr gut zur Reinigung der Nieren. Trotzdem sollte man bedenken, daß es bei Durst immer besser ist, reines Wasser zu trinken als Säfte oder Flaschenwasser.

Schließlich müssen auch die Därme sauber gehalten werden. Zu diesem Zweck ist es wichtig, sich anzugewöhnen, jeden Morgen als erstes dafür zu sorgen, daß man Stuhlgang hat. Dafür gibt es ein altes Hilfsmittel: Man preßt den Saft einer normal großen Zitrone in ein Glas abgekochtes Wasser und fügt eine Prise Steinsalz hinzu. Das Wasser sollte warm, nicht heiß sein, und man sollte kein Meersalz verwenden, weil es oft Sand enthält. Steinsalz ist kristallisiert und sehr viel reiner. Das Salz entzieht dem Blut Schlacken, aber zuviel davon ist auch nicht gut. Eine kleine Prise genügt. Mischt man dem Wasser ein wenig Honig bei, verbessert sich der Geschmack, und man kann es leichter trinken. Der Honig wirkt auch beruhigend auf die Gedärme und ist gut für den Dickdarm. Er ist auch eine symbolische Nahrung. Nur eine Biene kann Honig herstellen. Sie sammelt den Nektar an verschiedenen Orten und verwandelt ihn in Honig. Gute Schüler sollten so sein wie die Biene: Sie sollten Nahrung und Wohlgerüche von verschiedenen Blumen sammeln und in Honig verwandeln, der süß für Geist und Seele ist.

Wenn man das Zitronenwasser getrunken hat, geht man bei etwas auseinandergestellten Füßen in die Hocke und legt die Hände auf die Knie. Nun führt man die Knie abwechselnd zum

Boden jeweils neben den Fuß des anderen Beines. Während nun das eine Bein auf den Boden gebracht wird, drückt das andere gegen den Bauch und übt so einen leichten Druck gegen die Därme aus. Hat man das zehn- oder fünfzehnmal gemacht, wird man das Bedürfnis haben, zur Toilette zu gehen. Tägliches mäßiges Milchtrinken ist ebenfalls eine wirkungsvolle Hilfe für die Entleerung des Darms. Zum Schluß noch: Sitzt man länger als fünf oder zehn Minuten auf der Toilette, ist etwas nicht in Ordnung. Dort nur zu sitzen, zu denken oder zu lesen, ist nicht gut, das kann Hämorrhoiden verursachen.

Verstopfung ist jedoch glücklicherweise keine Krankheit. Sie beruht auf schlechten Eßgewohnheiten, negativen Gedanken und Sorgen. Enthält die Nahrung genügend Ballaststoffe, so wird es keine Probleme bei der Regelung der Verdauung geben. Hat man gerade Stuhlgang gehabt, sollte man nicht gleich wieder essen.

Die besten Ballaststoffe liefern Früchte, Gemüse und vollwertiges Getreide, nicht die Kleie, die man im Reformhaus kauft. Diese Kleie ist ein Reizstoff, auch wenn er ganz wirkungsvoll sein mag zur Förderung einer regelmäßigen Verdauung. Es ist weit besser, sich diese Ballaststoffe durch naturbelassene Nahrungsmittel zuzuführen, da diese weichere und mildere Faserarten enthalten.

Durchfall, Verstopfung, unregelmäßige Verdauung und eine nur schwach ausgebildete Tätigkeit des rechten Vagusnervs, (der die Verdauung fördert), kann man auch durch Fasten in den Griff bekommen. Das Ayurvedische System besagt, daß Fasten für die Gesundheit und für die Reinigung des Körpers sehr wichtig ist. Aber man sollte begreifen, warum man fastet und einen guten Grund dafür haben. Manche Leute fasten aus den falschen Gründen, wie z.B.: "Wenn du mir nicht zuhörst, faste ich," oder: "Ich möchte gern 10 oder 15 Pfund verlieren, dann werde ich gut aussehen." Das sind keine guten Gründe. Die meisten Menschen fasten, weil sie sich selbst ablehnen. Sie denken, daß sie unrein sind, daß sie etwas Schlechtes getan haben. Sie haben sich von solchen Gedanken noch nicht befreit und hoffen, daß sie es durch Fasten schaffen werden.

Ein Mädchen sagte mir einmal, daß sie seit drei Monaten faste. Sie sagte: "Ich esse nur einmal am Tag." Das ist kein Fasten. Wenn das Fasten wäre, so hätte ich mein ganzes Leben lang gefastet! Viele Leute sprechen von totalem Fasten. Sie essen nicht, noch trinken sie Wasser, wenn sie fasten. Das ist nicht gesund. Es gibt keine Autorität auf der Welt, die totales Fasten empfiehlt. Wenn man fastet, sollte man keine feste, wohl aber flüssige Nahrung zu sich nehmen. Man sollte Säfte trinken, wie z.B. frischen Orangensaft und Wasser. Man kann auch zwei- oder dreimal Honig zu sich nehmen, aber am besten ist Zitronensaft mit Honig und Wasser. Ich habe schon oft gefastet, aber ich tat es auf sehr systematische Weise. Jede Woche zu fasten, ist gefährlich. Es schwächt die natürlichen Widerstandskräfte und führt zu Unregelmäßigkeiten in der Darm- und Lungentätigkeit. Den Wert der Nahrung, die man zu sich nimmt, verstehen zu lernen und so seine Ernährungsweise zu regeln, ist viel besser als das meiste sogenannte "Fasten", das die Leute so betreiben. Wenn die Ernährung gut ist, braucht man nicht sehr oft zu fasten. Manchmal, bei bestimmten Gelegenheiten und unter besonderen Umständen kann es nützlich sein, wenn man von jemandem angeleitet wird, der die Natur des

Körpers und den Zweck des Fastens versteht.

Hier möchte ich noch erwähnen, daß diejenigen, die gerne fasten, um abzunehmen, damit nicht viel erreichen. Die Gewohnheit, zuviel zu essen, ist leicht zu überwinden, wenn man lernt, dem Körper die Nahrung zuzuführen, die er braucht, insbesondere, wenn man sein Essen gut kaut. Diät leben heißt nicht fasten. Fasten sollte man höchstens einmal im Monat. Es wird Ihnen dann nichts ausmachen, einmal einen Tag lang nichts zu essen. Alle drei Monate, wenn die Jahreszeit wechselt, ist ein dreitätiges Fasten sehr wichtig, da man zu dieser Zeit des Wetterwechsels von vielen Krankheiten befallen werden kann.

In den Yoga-Handbüchern werden noch eine Fülle weiterer *kriyas* oder Reinigungsmethoden beschrieben. Einige davon, wie z.B. *dhauti,* erscheinen den Menschen heute roh, aber Schüler, die üben und den vorzeitigen Alterungsprozeß aufhalten wollen, finden diese Übungen sehr hilfreich. Ihnen empfehlen erfahrene Lehrer, alle drei Monate Yoga-Reinigungsübungen zusammen mit Fasten durchzufuhren.

3

Ernährung

Im Zusammenhang mit den Reinigungstechniken betonen die alten Meister auch, wie wichtig es sei, über eine ausgeglichene und nahrhafte Kost Bescheid zu wissen. Der Körper ist unser gröbstes Werkzeug und ein sehr mächtiges Instrument, und es ist die Nahrung, die diesen Körper instand hält. Es ist ganz einfach wichtig zu lernen, was und wieviel man am besten ißt und trinkt. Man sollte auch etwas von der Qualität und der Zubereitung des Essens verstehen. Die Yoga-Handbücher raten hier, daß man sich beobachten und dann nach seinen Fähigkeiten richten solle. Sie empfehlen, weder zuviel noch zu wenig zu essen. Ein Yogi ist jemand, der seine Fähigkeiten auf allen Ebenen kennt und seine Ernährung sowie all seine andern Aktivitäten entsprechend darauf abstimmt.

Es gibt keine Ernährung, die für alle Menschen gleichermaßen ideal ist. Jede Person ist anders und einmalig. Jeder hat einen andern Stoffwechsel; jeder braucht verschiedene Mengen von Nährstoffen je nach seinen Aktivitäten, seinen Erbanlagen, seiner Umgebung und seinem Gesundheitszustand. Z.B. braucht ein Athlet sehr viel mehr Nahrung als eine Sekretärin, während ein Bewohner der Arktik sehr viel mehr Vitamin D braucht als jemand, der in den Tropen zu Hause ist. Genauso braucht jemand, der sich von einer schweren Krankheit erholt und dünn und unterernährt ist, besonders nahrhaftes Essen wie Milch und Getreide, während jemand, der Übergewicht hat oder seinen Körper mit Drogen oder Zigaretten vergiftet, reinigende Nahrung wie z.B. Obst braucht. Daher ist die Frage, was man essen soll, eine persönliche Angelegenheit, und jeder muß letztlich selbst entscheiden, was und wieviel er ißt. Es gibt jedoch einige allgemeine Grundsätze, die fast jeder anwenden kann.

Zuerst einmal sollte man nicht zum Opfer seiner Geschmackswünsche werden. Für die Mehrheit der modernen Menschen von heute ist es vor allem wichtig, daß ihnen das Essen schmeckt, während sie sich um den Nährwert ihrer Nahrung wenig kümmern. Aber schmackhaftes Essen ist nicht unbedingt auch gesund, noch ist es entscheidend, daß gesunde Nahrung immer auch gut schmeckt. Unseren Geschmack erwerben wir wie alle andern Gewohnheiten auch. Man kann einen andern Geschmack entwickeln, wenn man begreift, daß gesunde Nahrung hilfreich ist. Essen sollte nicht zur gedankenlos vollzogenen Gewohnheit werden wie andere Süchte, wie z.B. Rauchen oder Trinken.

Man sollte sorgfältig darauf achten, was und wie man ißt. Große Mengen von künstlich aromatisiertem, hochverfeinertem Zeug zu essen, ist gefährlich für die Gesundheit. Essen und Trinken herunterzuschlingen, ohne richtig zu kauen und ohne nach den Mahlzeiten eine Pause zu machen oder in angespannten Situationen zu essen, führt zu schlechter Verdauung. Magen und Leber werden überlastet. Die Nahrung beginnt im Darm zu gären und zu verfaulen. Unter solchen Umständen genossenes Essen bewirkt eine langsame Vergiftung. Man sollte damit beginnen, sich eine Kost aus unbehandelten, unverfeinerten, naturbelassenen Lebensmitteln ohne künstliche Chemikalien zusammenzustellen und nur dann essen, wenn der Körper Nahrung braucht.

Leider befolgen nur sehr wenige Menschen diesen Rat. Als Konsequenz ihrer schlechten Eßgewohnheiten greifen viele Leute zu unnatürlichen Mitteln, um zu erzwingen, was auf ganz natürliche Weise kommen sollte. Sie trinken eine Tasse Tee oder ein Glas Pflaumensaft, um Stuhlgang haben zu können. Um schlafen zu können, nehmen sie eine Tablette. Um die Verdauung anzuregen, nehmen sie kohlensäurehaltige Getränke zu sich. Anstatt sich zu entspannen oder den Atem zu regulieren, wenn sie zur Ruhe kommen wollen, heben sie ihre Gläser und trinken Alkohol. Zu allem Überfluß nimmt der Normalverbraucher im Jahr auch noch mehr als 120 Pfund[1] Zucker zu sich. Das ist nicht nötig. Und die vielen Pfunde Salz, die er im Jahr verbraucht, sind es auch nicht. Solcher Mißbrauch ist gefährlich und kann sogar tödlich wirken. Die medizinische Forschung beweist, daß zu viel Salz zu hohem Blutdruck führen kann und die Nieren überlastet und daß zu viel Zucker Fettleibigkeit und Diabetes verursachen kann.

Auf der anderen Seite ist der organische Zucker, der z.B. in Datteln, Honig und Fruchtsäften enthalten ist, in Maßen genossen sehr gesund. Denn im Gegensatz zum raffinierten Zucker ist er dort zusammen mit anderen Nährstoffen in ausgewogenem Verhältnis vorhanden. Nirgendwo auf der Welt

1. 1 engl. Pfund entspricht 453,592 Gramm (Anm. d. Übers.).

kann man Zucker (oder auch Salz) von 99,9% iger Reinheit finden außer in Supermärkten. In dieser Form wirken diese Produkte eher wie Drogen und sind sogar noch verfeinerter als manche Medikamente. Wenn man einen Teelöffel voll Salz oder eine Tasse voll Zucker ißt, wird man sehr bald die pharmakologische Wirkung spüren. Also lautet die nächste Regel, den übermäßigen Gebrauch von Salz, Zucker und anderen Reizmitteln zu vermeiden.

Die meisten Menschen wissen nicht, welche Nahrungsmittel sie wirklich brauchen. Sie haben kein Gefühl dafür, was sie essen sollten. Sie mögen fühlen, daß sie Hunger haben, aber dann essen sie alles, was ihnen leicht zugänglich ist, ohne über den Nährstoffbedarf ihres Körpers nachzudenken. Die Leute meinen vielleicht, daß sie sich richtig ernähren, aber "richtig" ist das, was gesund ist und das eigene Leben nicht beeinträchtigt. Die meisten Menschen wissen aber nicht, was das heißt. Man sollte sich jedoch klar darüber sein, daß allgemeine Kenntnisse von Nahrungsmitteln allein noch nicht genügen. Erst bei sachgemäßer Anwendung dieser Kenntnisse kann man sich einer guten Gesundheit erfreuen. Wenn die Menschen sich nur in dieser einen Sache etwas mehr auskennen würden, könnten sie ein gesünderes Leben führen und schöpferischer, hilfreicher und nützlicher werden.

Durch richtige Ernährung kann man sich vor vielen Krankheiten schützen, sich eine gute Gesundheit erhalten und sogar Widerstandskräfte gegen Virusinfektionen aufbauen.

In den alten Handbüchern werden die Nahrungsmittel in zwei verschiedene Gruppen eingeteilt: in die reinigenden und die nährenden Lebensmittel. Obst wirkt eher reinigend, während

Gemüse, Getreide, Hülsenfrüchte und Milchprodukte einen größeren Nährwert haben. Der tägliche Speisezettel sollte immer Nahrungsmittel aus beiden Gruppen enthalten. Feste und flüssige Nahrung sollte man in ausgewogenem Verhältnis zu sich nehmen. Dies bedeutet, daß für die meisten Menschen eine Kost zu empfehlen ist, die aus 40% Vollkorngetreide, 20% Hülsenfrüchten, 20% Gemüse, 15% Obst und rohen Gemüsesa-laten und 5% Milchprodukten besteht. Im Winter sollte man weniger Obst essen, denn es bewirkt, daß man sich kühler fühlt. Im Sommer dagegen sollte man mehr Obst und Rohkost essen und weniger Vollkorngetreide. Auf diese Weise bewahrt man ein gutes Gleichgewicht.

Manche Menschen bevorzugen jedoch Extreme. Sie werden Ernährungsfanatiker und essen z.B. nur noch Rohkost. Obschon es sehr gesund ist, etwas rohes Obst und Gemüse zu sich zu nehmen, so können doch nicht alle Nahrungsmittel, aus denen eine ausgewogene Kost besteht, in dieser Form genossen werden. Es ist unmöglich, ungekochte Hülsenfrüchte zu verdauen, und manche Gemüse enthalten Schadstoffe, die nur durch Kochen verschwinden. Viele roh genossene Nahrungsmittel reizen die Darmschleimhäute und verursachen Durchfall. Hinzu kommt, daß die Gedärme, der Blinddarm und die Leber nicht in der Lage sind, große Mengen Rohkost zu verdauen. Wenn z.B. jemand versuchen würde, von Trockenobst zu leben, würde sein Verdauungsapparat irgendwann versagen: die vielen unverdauten Nahrungsteilchen würden zu lange im Körper bleiben, gären, übermäßig Gase bilden sowie Krämpfe und andere Probleme für Magen und Darm schaffen.

Es ist nicht entscheidend, ob jemand Vegetarier ist oder

nicht. Ich diskutiere hier keine “Ismen”, sondern spreche über den Wert einer gesunden Ernährung. Dennoch ist es richtig, daß uns das Pflanzenreich alle nötigen Nährstoffe zu liefern vermag, und für diejenigen, die ein spirituelles Leben führen wollen, mag eine vegetarische Kost hilfreich sein. Wenn man jedoch einfach nur aufhört, Fleisch zu essen und es durch minderwertige Nahrung wie Süßigkeiten, Eiscreme oder Konditoreiwaren ersetzt, so ist das auch nicht gesund. Wenn man Vegetarier sein möchte, sollte man sich darum bemühen, wirklich nur hochwertige Nahrung zu sich zu nehmen.

Sonnenblumenkerne, Mandeln, Sojabohnen, getrocknete Bohnen und Erbsen (Dahl) und einige Getreidearten haben ausreichend Proteine. In der Tat sind einige Samensorten und Nüsse so reich an Proteinen wie Fleisch. Manche Kritiker sagen, daß ein Vegetarier selbst dann, wenn er ausreichende Mengen Protein zu sich nimmt, doch nicht das beste Eiweiß bekommen kann, weil es sehr wenige pflanzliche Eiweiße gebe, die vollständig sind. Das stimmt. Die Lösung des Problems besteht jedoch einfach darin, ein Getreide wie Reis oder Weizen mit einer Bohnensorte (z.B. Dahl) zu kombinieren. Auf diese Weise bekommt man eine vollständige Eiweißnahrung, die alle notwendigen Aminosäuren im richtigen Verhältnis zueinander enthält, jedoch ohne das schädliche Übermaß an Fett, das im Fleisch enthalten ist.

Die vegetarische Ernährung hat auch noch andere Vorteile. Vegetarier sind weniger anfällig für Verstopfung, Hämorrhoiden, hohen Blutdruck sowie bestimmte Arten von Krebs und Herzkrankheiten. Außerdem kann man die Auswirkungen einer vegetarischen Ernährung an alten Leuten studieren. Vegetarier leben lange und können überdies im Alter normalerweise klar denken, vernünftig über Dinge sprechen und ihren täglichen Pflichten nachgehen. Viele Fleischesser hingegen zeigen im Alter keine vergleichbare Vitalität. Im Tierreich mangelt es den Raubtieren an Ausdauer, und wenngleich sie heftig kämpfen können, so halten sie doch nicht sehr lange durch. Wenn z.B. ein Tiger und ein Elephant miteinander kämpfen, so kann der Tiger nicht mehr als zweieinhalb Stunden durchhalten. Aber der Elephant kann drei Tage lang kämpfen! Der Tiger ist Fleischfresser, der Elephant Vegetarier. So kann man also nicht sagen, daß die vegetarische Ernährung nicht vollwertig sei oder keinerlei Vorteile habe.

Ob jemand Vegetarier ist oder nicht, hängt gewöhnlich von seiner Kultur ab, aber manchmal schaffen auch kulturbedingte Gewohnheiten Probleme bei der Heranbildung eines gesunden Körpers. Eine so ungesunde Kultur wie die unsere braucht Veränderungen, aber die meisten Menschen hängen so fanatisch an ihren Traditionen und ihrer Kultur, daß sie sich weigern, ihre Gewohnheiten näher zu untersuchen, die sie möglicherweise krank machen könnten. Der moderne Mensch hält sich für zivilisiert, aber er leidet zunehmend an Degenerationskrankheiten. Was ist Gutes an einer Kultur, die uns krank, schwach und unfähig macht?

Bei dem Versuch, diesen Degenerationsprozeß zu verlangsamen, nehmen die Leute oft ihre Zuflucht zu Vitaminen und anderen Ernährungszusätzen. Sie denken häufig, daß solche Zusätze Allheilmittel gegen ihre Krankheiten sind. Oft fragen die Leute: "Wieviele Vitamine soll ich denn nehmen?" Die alten Handbücher erwähnen die Vitamine nicht einmal. Sie sprechen jedoch von belebenden Mitteln wie bestimmten Säften, Kräutern und anderen natürlichen Nahrungsmitteln. Der Saft von frischem Gemüse und Obst enthält eine große Menge natürlicher Vitamine und Mineralien. Wenn man ihn trinkt, braucht man keine künstlichen Hilfsmittel. Vitamin C z.B. ist leicht zu haben in frischem Orangensaft und anderem Obst und ist in dieser Form leicht zu verdauen.

Wenn jedoch die Fasern von Obst und Gemüse nicht richtig zermahlen und ausgepreßt werden, so erhält man nicht den vollen organischen Wert des Saftes. Wenn man den Saft von der Faser eines Nahrungsmittels trennen will, muß man auch wissen, wie man es richtig auspreßt, so daß der Saft dann auch die einzigartigen Eigenschaften dieser Frucht oder des Gemüses enthält. Da sie es eilig haben, nehmen die Leute oft kommerzielle Entsafter. Diese stellen für sie den Saft her, und sie trinken ihn und denken, daß sie auf diese Weise viele Vitamine zu sich genommen haben. Aber viele dieser Maschinen sind unbrauchbar und nicht zu empfehlen, da man durch sie an viele Nährstoffe gar nicht herankommt. Man sollte ein Verfahren anwenden, bei dem man den Saft sanft aus der Grundfaser der Gemüse oder Früchte auspreßt. Es gibt sehr wenige Maschinen zu kaufen, die das leisten. Keine Maschine jedoch ist den Zähnen vergleichbar, da sie kräftig zupacken und die feinsten Fasern eines Nahrungsmittels zerkauen können. So ist in der Tat das Zerkauen von Obst und Gemüse die beste Art, deren wertvolle Bestandteile zu nutzen. Man sollte daran denken, daß unzerkaute und schlecht zermahlene Nahrung nicht verdaulich ist, denn: die Leber hat keine Zähne.

Schlechte Nahrung und schlechte Zubereitung des Essens

kann alle mit Nahrungsaufnahme und -verarbeitung beschäftigten Organe des Körpers angreifen und ihr Funktionieren stören. Zuviel ölhaltige Nahrung z.B. oder zuviel Gebratenes und Gebackenes oder zu stark gewürztes Essen sind ungesund. Man hat vor kurzem herausgefunden, daß zuviel öl -und fetthaltiges Essen das Funktionieren der nahrungsverarbeitenden Organe negativ beeinflussen kann. In den Teilen der Welt z.B., wo die Menschen große Mengen Fett und Öl zu sich nehmen, leiden viele von ihnen an Herzkrankheiten. Auch Nahrung, die man zu lange gekocht hat, kann letztlich zu Gesundheitsschädigungen führen; deshalb sollte man mit dem, was man ißt, sorgfältig umgehen und es nicht um des Geschmackes willen zu sehr braten, toasten oder backen. Andernfalls verändert man die Qualität und auch die chemische Zusammensetzung der Nahrung und macht sie entweder unverdaulich oder sogar schädlich. Außerdem ist sie dann tot, und obwohl man davon satt wird, führt sie dem Körper nicht das zu, was er braucht. In einer solchen Situation ißt man dann leicht zuviel oder verliert seinen Appetit.

Wenn das Essen jedoch nicht genügend gekocht oder zerkleinert worden ist, kann das ebenfalls Schwierigkeiten hervorrufen, weil es von der Leber nur schwer verdaut oder weiterverarbeitet werden kann. Man kann das dadurch etwas kompensieren, daß man sehr gründlich kaut. Der Zweck des Essens ist nicht bloß, sich bestimmte Nahrungsmengen zuzuführen, sondern vielmehr, den Nährwert aus der Nahrung zu ziehen. Deshalb: Je mehr man sein Essen kaut, desto besser. Überdies: Wer abnehmen will, sich aber bei seinen Mahlzeiten nicht einschränken möchte, sollte folgendes ausprobieren: das

Essen immer mehr und immer länger zu kauen, mindestens 35 mal. Wer das tut, kann sich nicht überessen und nimmt leicht ab. Man ißt zuviel, weil man sein Essen nicht gut kaut und deshalb dem Köper nicht die nötigen Nährstoffe zuführt. Mit anderen Worten: Der Körper braucht etwas, was jedoch nicht geliefert wird, und so verlangt er nach immer mehr Nahrung.

Will man abnehmen, so ist die beste Methode, das zu essen, was für das eigene System am besten paßt. Wenn die Nahrung frisch und natürlich ist, richtig zusammengestellt und zubereitet, weder zuviel noch zuwenig gekocht und dann gut gekaut wird, dann wird man nicht zuviel essen oder Gewichtsprobleme haben. Zuviel zu essen, ist sehr ungesund und verursacht die Bildung von Fett, eines der mächtigsten Übel und Quelle vieler Krankheiten. Die meisten Menschen essen mehr als sie brauchen, deshalb sollte man sich beim Essen und Trinken beobachten und ein bißchen weniger zu sich nehmen, als es der Hunger verlangt.

Wenn man erst einmal Bescheid weiß über den Wert der Nahrung und wie man sie richtig zubereitet, dann sollte man lernen, wie man ißt. Es ist sehr wichtig, vor dem Essen eine freundliche Atmosphäre zu schaffen. Bevor oder während man ißt, sollte man keine Hektik verbreiten oder Spannung erzeugen. Man sollte beim Essen gute Laune ausstrahlen, denn selbst die Wissenschaftler von heute wissen, daß sich Nahrung, die man im Ärger zu sich genommen hat, in Gift verwandelt. Das hat etwas mit dem Geist, dem Temperament zu tun, mit dem Drüsensystem und dem Körper als einem Ganzen. Man beobachtete verschiedene Familien, sammelte die Daten und fand folgendes heraus: Wenn die vorherrschende Stimmung bei Tisch nicht ruhig und freundlich war, oder wenn die Familienmitglieder eine unerfreuliche Diskussion führten, dann hatten sie später mit Magenverstimmung, Sodbrennen, übersäuertem Magen, Durchfall und Verstopfung zu kämpfen, auch wenn die bei Tisch servierten Gerichte alle nötigen Nährstoffe enthielten. Wenn jemand ärgerlich und niedergeschlagen ist, kann er nicht genügend Speichel und Magensäfte produzieren. Streß, Angst und Ärger greifen das Drüsensystem und seine Sekretionstätigkeit an. Außerdem wird der Darm unter Streß entweder zu wenig oder zu stark angeregt, und das greift das gesamte Verdauungssystem an. Nahrung, die nicht richtig verdaut worden ist, kommt in diesem Zustand in den Dickdarm und wird dort von den Bakterien in toxische oder schädliche Stoffe verwandelt. Deshalb ist die Atmosphäre beim Essen genauso wichtig wie die Nahrung selber.

Man sollte niemals essen, wenn man nicht fröhlich gestimmt ist, ganz gleich wie hungrig man ist. Vergifte deinen Körper nicht, indem du den Eßtisch zum Kampfplatz machst. Es ist sehr wichtig, daß man vor dem Essen eine liebevolle, freundliche Atmosphäre schafft. Man könnte z.B. ein freundliches Gespräch anfangen. Der beste Freund und der bedeutendste Arzt eines jeden ist die eigene Fröhlichkeit. So sollte man lernen, beim Essen freundlich zu sein, denn Freundlichkeit hervorzubringen, bedeutet schöpferisch zu sein. Man sollte das nicht einfach dem lieben Gott überlassen und sagen: "Lieber Gott, mach mich fröhlich", das muß man selber tun. Seiner Natur gemäß hat das Universum eine Schöpfung von unendlicher Mannigfaltigkeit hervorgebracht, aber die Fröhlichkeit ist eine Schöpfung des Menschen. Früher pflegte man vor dem Essen immer ein Dankgebet zu sprechen. Diese Sitte ist Teil aller großen Traditionen. Diese spirituelle Seite des Essens hat auch biologische Aspekte. Man wird ruhig und ermöglicht auf diese Weise Magensaftsekretion und Speichelfluß und fördert dadurch die Verdauung des Essens. Diese Sitte hilft auch, Spannungen zu lösen und bringt damit den Darm dazu, richtig zu arbeiten. So schaffen ein Tischgebet oder ein paar Augenblicke Stillschweigen, während man sich entspannt und tief atmet, einen Zustand der Harmonie, ein Gleichgewicht in Körper, Geist und Nervensystem. Wenn man dann ißt, kann man wirklich mit Genuß essen. Man sollte das Essen nicht einfach so in sich hineinstopfen. Hastig zu essen, ist nicht gesund, es ist im Gegenteil sehr gefährlich.

Nach dem Essen ist es am besten, sich wenigstens 5 bis 10 Minuten lang auf der linken Seite ausgestreckt auszuruhen. Dadurch wird das rechte Nasenloch aktiv, schafft Wärme und die nötigen Bedingungen für eine gute Verdauung. Das ist eine große Hilfe. Eine halbe Stunde vor oder nach der Mahlzeit kann man Wasser trinken, aber während des Essens ist Trinken nicht zu empfehlen. Dies kann nämlich schädlich für die Gesundheit sein, da es eine Verdünnung und also Schwächung der Verdauuungssäfte bewirkt. Die Alten sagen auch, daß es gefährlich ist, direkt nach dem Essen schlafen zu gehen. Wenn man unmittelbar nach dem Essen schlafen geht, kann man nicht fertig verdauen, und das greift Herz, Kreislauf und autonomes Nervensystem an, und man träumt schlecht. Warum aber sollte man eine Situation schaffen, in der man Alpträume bekommen kann?

Noch etwas: Wenn man nicht zuviel ißt und lernt, richtig zu atmen, kann man auch dem Schnarchen vorbeugen. Die Menschen schnarchen aus zwei Gründen: weil sie Übergewicht haben oder müde sind. Auch sollte man nach dem Essen drei bis vier Stunden warten, bevor man sexuell aktiv wird, um dem Körper genug Zeit zur Verdauung zu geben. Wird man direkt nach dem Essen sexuell aktiv, lenkt man den Blutzufluß von den Verdauungsorganen weg zu anderen Teilen des Körpers, und die Verdauung bleibt unvollständig.

Es ist gesünder, Fruchtsäfte, Obst und andere Nahrung in kleinen Mengen mehrmals am Tage zu sich zu nehmen als sich zu überessen oder eine große, schwere Mahlzeit auf einmal einzunehmen. Aus Zeitmangel essen viele Geschäftsleute und berufstätige Menschen spät zu Abend. Das führt zu einer Belastung des Systems, weil nicht rechtzeitig vor dem Schlafengehen verdaut werden kann. Das Abendessen sollte sehr leicht sein. Mitternachtsmahlzeiten bringen den Körper durcheinander. Es ist auch sehr wichtig, seine Mahlzeiten zu festen Zeiten einzunehmen. Ich sammelte Daten speziell von Barangestellten, die spät nachts arbeiten sowie von Luftstewardessen, die internationale Flüge machen. Sie alle hatten eine unregelmäßige Verdauung, und viele Stewardessen erzählten mir, daß immer dann, wenn sie ein unregelmäßiges Leben führten, auch ihre Menstruation unregelmäßig wurde. Nahrung und Schlaf beeinflussen den Körper. Wenn man zu festen Zeiten ißt, arbeitet das System regelmäßig aufgrund der regelmäßigen Gewohnheiten. Unregelmäßige Mahlzeiten zu ungünstigen Tageszeiten bewirken Säurebildung im System. Aber auch von anderen zahllosen Krankheiten werden unregelmäßige Esser heimgesucht.

Wenn man aber all diese kleinen Vorsichtsmaßnahmen ergreift und die genannten Methoden anwendet, kann man Verdauungsstörungen und andere Krankheiten vermeiden und sich guter Gesundheit erfreuen. Das sind die Dinge, die jeder wissen sollte. Sie sind es, die den Menschen vom Tier unterscheiden. Wenn jemand ein Gericht vor sich hat, kann er sagen: "Das esse ich nicht, es ist nicht gesund für mich." Wenn einem der Arzt sagt, daß man etwas nicht essen soll, so wird man es nicht essen, ganz gleich, wie köstlich das Gericht sein mag. Aber Tiere und Kinder können das nicht. Sie haben nicht genug Verstand oder Training. Verständige Menschen hingegen merken, wenn sie schlecht essen oder plötzlich anfangen, zuviel Wert aufs Essen zu legen, und daraufhin können sie ihre Verhaltensweisen ändern. Die Alten bereiteten und aßen ihre Mahlzeiten als etwas, das sie Gott darbrachten, der es für sie, seine Werkzeuge geschaffen hatte. Es ist wichtig, gesund zu bleiben, wenn man das Werkzeug des Herrn sein und seine Pflichten selbstlos tun will. Für die Menschen, die das Geheimnis des Lebens verstehen, wird das tägliche Leben zu einem Akt der Anbetung.

4

Körperübungen

Zur Erhaltung einer guten Gesundheit sind zwei Arten von Körperübungen wesentlich: Dehnübungen, wie z.B. die Yoga-Haltungen und dynamische Freiluftübungen wie z.B. Dauerlauf. Beide sind sehr gut für die Reinigung, Entspannung und Belebung des Körpers und helfen ihm, richtig zu funktionieren.

Obgleich völlig verschieden, ergänzen beide Übungsarten einander. Die Yoga-Übungen werden entspannt, langsam und sanft ausgeführt; mit ihrer Hilfe werden alle Muskeln und Gelenke des Körpers systematisch gedehnt und alle Drüsen und Organe massiert. Freiluftübungen dagegen sind aktiv und stimulieren das Herz, die Lungen und die Muskeln. Beide Arten von Übungen sind notwendig; jede hat ihre spezifischen Wirkungen, die die andere nicht hat. Aber sie müssen regelmäßig, sorgfältig und auf die richtige Weise praktiziert werden, wenn sie die gewünschten Wirkungen haben sollen. Geht man jedoch bei beiderlei Übungen über die eigene Kraft, so schadet das mehr, als es nützt.

Heutzutage sind Körpertherapien wie Massage, Chiropraktik, Rolfing, Bioenergetik und Reflextherapie sehr populär. Sie alle haben ihren spezifischen Nutzen, sind aber in zwei

Hinsichten begrenzt: Zum einen ist man dabei von einem Therapeuten abhängig, um sich die Behandlung zu verschaffen, zum anderen sind die Wirkungen tendenziell kurzlebig, es sei denn, man kommt immer wieder, um sich neu behandeln zu lassen. Beim Üben der Yoga-Haltungen hingegen vervollkommnet man sich sehr langsam und allmählich. Das stärkt das Selbstvertrauen, und wenn man übt und dabei seine körperlichen und emotionalen Reaktionen beobachtet, so wird man bald entscheidende körperliche und geistige Veränderungen feststellen.

Eine ganz offensichtliche Wirkung der Yoga-Übungen rührt von der Dehnung und Stimulierung der Muskeln, Bänder, Sehnen und Gelenke her. Dadurch nämlich wird die Elastizität und die normale Muskelspannung des Körpers wiederhergestellt, so daß er schließlich seine natürliche Form wiedergewinnt. Obendrein werden dadurch der Blutkreislauf angeregt und die inneren Organe, das Gehirn und das Nervensystem neu belebt. Auch die Atmung wird durch Yoga-Üungen verbessert, denn sie führen dazu, daß größere Mengen Sauerstoff aufgenommen und mehr Giftstoffe ausgeschieden werden können. Alle inneren Organe werden massiert und harmonisiert, und nicht nur die Verdauung, sondern auch die Darm- und Nierenfunktion verbessert. Das Drüsensystem wird angeregt, reguliert und in ein feines Gleichgewicht gebracht. Die Yoga-Übungen lassen die Widerstandskräfte gegen Erschöpfung und Müdigkeit wachsen und bauen Spannung ab. Man lernt, sich zu entspannen, und ermöglicht so den Körpersystemen, richtig zu funktionieren. So ist also das Üben der Yoga-Haltungen ein gutes, sanftes, die Spannkraft erhöhendes Mittel für die gesamte Persönlichkeit, und man fühlt sich gesund und voller Energie. Auch Übergewicht wird reduziert; der Körper wird geschmeidig, und man bewegt sich mit Anmut und Leichtigkeit. Man bekommt eine schöne Gesichtsfarbe, und die Augen glänzen.

Wenn man die Yoga-Haltungen regelmäßig übt, gewinnt man Kontrolle über seinen Körper und ist in der Lage, zunehmend längere Zeit eine sichere und bequeme Körperhaltung einzunehmen. Dann beginnt man, das feinere Funktionieren von Atem und Geist wahrzunehmen, denn nur, wenn der Körper ruhig ist, kann man sich nach innen wenden und anfangen, sich selbst kennenzulernen.

Die mit den Yoga-Übungen angestrebten Grundziele sind, den Körper gesund zu erhalten und geistigen Frieden zu erlangen. Aus Yoga-Texten erfahren wir, daß viele körperliche Beschwerden folgendermaßen zustandekommen: Eine psychische Störung kann zu einer Beeinträchtigung der Körperfunktionen führen, diese wiederum spiegelt sich oft in Unregelmäßigkeiten des Atemmusters. Dauert dieser Prozeß an, kann er zu echten Zellschädigungen führen und sich in einer strukturellen Veränderung äußern. Die Yoga-Positionen arbeiten zunächst einmal daran, diese Strukturveränderungen zu korrigieren, und können (besonders im Anfangsstadium) als wirksame Therapie benutzt werden, den oben beschriebenen Prozeß rückgängig zu machen. Dann können die Schulung des Atembewußtseins und verschiedene Atemübungen dabei helfen, jene Unregelmäßigkeiten, die ins normale Atemverhalten übernommen worden sind, wieder zu beseitigen. Dadurch wiederum können sie auch die psychische Störung lösen helfen, welche ursprünglich jene Veränderung bewirkte. Daher sind also Veränderungen, welche durch Yoga-Übungen bewirkt werden, weder plötzlich noch dramatisch; sie sind vielmehr tief und andauernd.

Anfangs mögen einem die Yoga-Übungen vielleicht etwas merkwürdig vorkommen, aber sie sind jahrhundertelang durch direkte Erfahrung und Beobachtung systematisch entwickelt worden, um die Körpersysteme zu beruhigen, ins Gleichgewicht zu bringen und zu regulieren. Wenn man sie richtig und geduldig ausführt, immer zur gleichen Zeit und am gleichen Ort, wird man Freude daran haben, und sie werden zu einer Gewohnheit, welche ein tiefes Gefühl von Ruhe und Befriedigung mit sich bringt.

Es gibt über dreitausend Yoga-Haltungen, aber nur einige wenige sind grundlegend. Zu diesen gehören Kobra, Boot, Bogen, Pflug, Schulterstand, Fisch, Kniekuß (Zange), Drehsitz, Kopfstand und Baucheinziehen. Die Yogis lebten in engem Kontakt mit der Natur und beobachteten mit lebhaftem Interesse ihre Mitgeschöpfe um sich herum. Dementsprechend beruhen viele Yoga-Haltungen (wie z.B. Kobra, Heuschrecke, Fisch, Skorpion und Frosch) auf gewissen einzigartigen charakteristischen Mermalen, die ein ganz bestimmtes Tier kennzeichnen. Diese Positionen sind sowohl natürlich als auch in der Natur allgemein verbreitet und können von den meisten Menschen ausgeführt werden, wenn sie allmählich und unter der Führung eines kompetenten Lehrers zu üben beginnen. Es ist nicht wahr, daß man sie nicht machen könne, weil sie nicht Teil unseres Erbes seien. Jeder, der die Übungen machen möchte, kann das unter Beachtung der eigenen Grenzen tun. Aber man sollte sich niemals überfordern oder auf rasche Erfolge drängen; denn das könnte Verletzungen und Schmerzen verursachen.

Üben Sie an einem ruhigen, angenehm warmen Ort ohne Zugluft, wo Sie eine Decke ausbreiten, auf der Sie liegen können. Machen Sie die Übungen nach dem Bad in bequemer Kleidung. Magen, Blase und Darm sollten leer sein. Üben Sie die Stellungen systematisch und kontrollieren Sie sich dabei mit wacher Selbstwahrnehmung, ruhigem Geist und voller Andacht. Der Geist sollte passiv in Bereitschaft und wachsam bleiben; nur die Teile des Körpers, die gebraucht werden, um die jeweilige Stellung einzunehmen, sollten angespannt werden.

Am besten beginnt man mit einigen sanften Dehnübungen zur Aufwärmung, wie z.B. den Gelenk- und Drüsenübungen. Fangen Sie mit den leichteren Übungen an und arbeiten Sie sich vor zu den schwierigeren. Die meisten Stellungen ergänzen einander und sollten in der richtigen Reihenfolge ausgeführt werden, mit einer kurzen Pause nach jeder Übung. Wird morgens geübt, so bereitet man Körper und Geist auf die Aufgaben des Tages vor. Übt man abends, beruhigt man damit die Nerven und unterstützt die Entspannung. Da der Körper abends beweglicher ist, fallen einem die Übungen dann leichter, aber das morgendliche Üben verschafft wundervolle Ausgangsbedingungen für den ganzen Tag. Am besten passen Sie die Übungen ihrem eigenen Tagesplan und Temperament an.

Als Ergänzung zu den Yoga-Haltungen kann man auch dynamische Freiluftübungen machen, wozu sich der Dauerlauf z.B. sehr gut eignet. Der Dauerlauf ist heutzutage sehr populär, aber es gibt viele Mißverständnisse über die richtige Methode, und viele Leute haben sich selbst geschadet, indem sie ihn auf die falsche Weise praktizierten. Es gibt Menschen, die sich zwingen, die vorwärtsdrängen, sich überanstrengen und zu schnell zu viel erreichen wollen. Man sollte sich aber immer erst vorbereiten und innerhalb der eigenen bequem erreichbaren Möglichkeiten bleiben. Man sollte das Dauerlaufen genießen; keinesfalls sollte es zu einer Art Selbstfolterung werden.

Der Dauerlauf hat sich bei der Bekämpfung von Depressionen und schweren Psychosen als ebenso wirksam erwiesen wie beim Abbau von Ängsten. Bei Fällen, die an Schizophrenie grenzen, scheint er mindestens ebenso wirksam zu sein wie Psychotherapie oder Beruhigungsmittel, und Neurotikern hilft er ebenso gut wie Gruppentherapie. Er läßt die geistige Konzentration und Klarheit wachsen und macht wach und voller Energie. Wer regelmäßig seinen Dauerlauf macht, wird durch Streßsituationen weniger angegriffen als andere, die das nicht tun. Er reagiert körperlich und seelisch nicht so negativ auf Streß, weil dann unter plötzlicher Schockeinwirkung oder andauerndem Druck nicht so viele Streßhormone ausgeschüttet werden. Wer Dauerlauf praktiziert, schläft weniger und tiefer, und da er im Wachzustand nicht schläfrig oder träge ist, braucht er auch nicht zu Kaffee, Zigaretten oder Schlaftabletten zu greifen, wenn er arbeiten oder entspannen möchte. Der Dauerlauf wirkt als gesundes und natürliches Ventil: Er hilft, den in bedrohlichen Situationen automatisch auftretenden Kampf- oder Flucht-Reflex des Körpers physiologisch auszudrücken und abzureagieren.

Unser modernes Leben ist so voller Streß, daß man die daraus resultierende Spannung in sich aufstaut, wenn man keine Möglichkeit hat, sie zu überwinden oder sie sonstwie heilsam-nützlich abzureagieren. Dies kann krank machen und ist einer der Gründe, warum Menschen Magengeschwüre oder Kopfschmerzen haben und leicht aufgebracht oder irrational reagieren. Sie wissen nicht, wie sie in der Welt leben und doch innerlich konzentriert und ruhig bleiben sollen, unangefochten von Hast und Lärm des täglichen Lebens. Dauerlaufen kann bei diesem Problem entscheidend helfen und zwar, indem es im Körper einige ganz spezifische Veränderungen herbeiführt.

Zunächst einmal hilft der Dauerlauf, die Lungen kräftiger arbeiten zu lassen. Er kräftigt die Muskeln rund um die Lungen, macht sie stärker, läßt ihre Kapazität wachsen, vermindert ihr Volumen und eröffnet vorher ungenutzten Raum. Der Kreislauf wird angeregt, wenn sich die Blutgefäße öffnen, um den Körper zu versorgen und zu reinigen. Das Herz wird gekräftigt, elastischer und dadurch gesünder, ja es wird sogar größer, und so wächst auch seine Leistungsfähigkeit. Der Ruhepuls wird langsamer durch Dauerlaufen, ebenso die Herzfrequenz bei jeder Art von Anstrengung, weil das Herz nun mit jedem Schlag mehr Blut pumpt als zuvor. Deshalb braucht es weniger häufig zu schlagen und spart dadurch Energie. Durch Dauerlauf wird die Spannkraft und Stärke der Muskeln erhöht, so daß man sich mit größerer Schnelligkeit, Ausdauer, Flexibilität und Anmut bewegen kann. Dauerlaufen verbraucht Kalorien (100 Kalorien pro Meile[1]), aber was noch wichtiger ist: es korrigiert den Appetit-Mechanismus im Gehirn, so daß man weniger ißt und somit abnimmt. Außerdem produziert der Magen eines Dauerläufers weniger Säure, und so nimmt die Gefahr ab, daß ein Magengeschwür entsteht. Dauerlaufen wirkt außerdem auf natürliche Weise verdauungsfördernd, so daß der Darm von Dauerläufern

1. 1 Meile entspricht ca. 1600 m (Anm.d.Übers.).

gewöhnlich regelmäßig arbeitet und Verstopfung selten vorkommt. Auch bei Diabetes, Hypoglykämie (Unterzucker) und anderen Blutzuckerkrankheiten wirkt Dauerlaufen normalisierend. Es reinigt das gesamte System, indem es die Ausscheidung von Abfallstoffen durch Darm, Blase, Poren, Schleimhäute, Lungen, ja selbst durch die Zellen unterstützt. Durch Dauerlauf wird auch die Schmerzschwelle erhöht, so daß man sich bei körperlichem Unbehagen weniger verkrampft. Kurz, der ganze Körper funktioniert glatter und besser, wenn man Dauerlaufen praktiziert, und Geist und Seele kommen zur Ruhe.

Wenn man mit Dauerlaufen beginnt, zieht man am besten warme, saugfähige Kleidung an, wie z.B. Baumwolltrainingsanzüge, aber jede andere bequeme Kleidung tut es auch. Den Körper bei vermehrtem Schwitzen warm zu halten, unterstützt den Reinigungsprozeß. Jeder bequeme Laufschuh ist geeignet, aber wenn man auf Straßenpflaster läuft, sollte der Schuh gut gepolstert sein. Es ist vorzuziehen, auf Erde zu laufen, aber man muß sich dabei mehr vorsehen, um zu vermeiden, daß man stolpert und sich verletzt. Vor dem Laufen ist es wichtig, die Muskeln zu dehnen und ein paar Atemübungen mit tiefen Atemzügen zu machen.

Beim Dauerlauf sollte man langsam und gleichmäßig laufen, so daß man lange Zeit durchhalten kann, ohne zu ermüden. Auf diese Weise ist die Wirkung sanft, aber tief und schadet dem Körper nicht. Die richtige Atmung für den Dauerlauf ist immer die Zwerchfellatmung. Und man sollte durch die Nase atmen, und zwar doppelt so lange aus wie ein. Die Ausatmung sollte immer ganz vollständig sein, damit alle Giftstoffe aus dem System ausgeschieden werden.

Es ist hilfreich, auf das Geräusch der Atemluft zu horchen, wie sie über das Gaumensegel und durch die Nasenlöcher hinausstreicht, während man sich auf die vollständige Ausatmung konzentriert. Es ist eine gute Methode, den Luftbedarf zu beobachten, um das richtige Tempo beim Dauerlauf herauszufinden. Wenn Sie nicht genug Luft durch die Nase bekommen, dann laufen Sie zu schnell und gehen über Ihre Kraft, und Sie sollten dann das Tempo zurückschrauben. Auch wenn man beständig durch die Nase atmet, kann man fast bis an seine Höchstleistungsgrenze herangehen; wenn man dann das Gefühl hat, nicht genug Luft zu bekommen, hat man seine Leistungsgrenze überschritten. In diesem Fall sollte man den Lauf abbrechen und gehen, bis man wieder zu Atem gekommen ist. Man sollte so laufen, daß man sich dabei angenehm fühlt und seine volle Leistungsfähigkeit nur bis zu drei Vierteln ausnutzt.

Bei diesen langsamen Dauerläufen ist es am besten, auf den Fußballen zu laufen. Dadurch werden die Bewegungen leicht und fließend, Füße, Knöchel, Schienbeine, Knie und Hüften werden abgefedert und so vor Schäden geschützt, die durch einen allzu harten Aufprall das Fußes auf die Erde verursacht werden könnten. Das Aufkommen auf den Zehenspitzen erhöht auch den Massage- und Stimulationseffekt des Dauerlaufs.

Lassen Sie weder Ihren Mund offen noch die Arme herunterhängen, während sie laufen. Und denken Sie daran, daß Sie durch die Nase atmen sollten. Lassen Sie die Lippen geschlossen. Halten Sie die Arme locker in Brusthöhe, und lassen Sie die Fäuste entspannt im Laufrhythmus rotieren, die Ellenbogen dicht am Körper. Achten Sie darauf, daß die Schultern entspannt sind und daß Sie den Kopf aufrichten.

Halten Sie die Wirbelsäule gerade, entspannen Sie Ihren ganzen Körper und erlauben Sie der Bauchdecke, sich bei der Ein- und Ausatmung frei mitzubewegen. Laufen Sie immer mit voller Konzentration, achten Sie ganz besonders auf die Atmung, und genießen Sie es. Sie werden Klarheit und Frieden empfinden und sich voller Energie fühlen, denn die Muskeln sind entspannt, der Sauerstoff kann frei in die Lungen und ins Blut fließen, und der Geist kommt zur Ruhe. Aber das ist nicht dasselbe wie Meditation. Beim Dauerlauf ist der Körper aktiv, und also ist auch der Geist aktiv, in der Meditation hingegen sind beide ruhig.

Wenn Sie einen Hang hinunter laufen, sollten Sie vorsichtig sein, langsamer werden und federnd auf den Boden aufkommen, um Knie oder Füße nicht zu verletzen. Der Dauerlauf selber sollte rhythmisch und natürlich sein. Ich habe die Gesichter von so manchen Dauerläufern gesehen, die so aussahen, als ob sie in den letzten Zügen lägen, während sie die Straße hinunter stampften. Das ist nicht die richtige Art und Weise. Die Bewegungen sollten weich und anmutig sein. Sie sollten Freude am Laufen haben und immer dann aufhören, wenn Sie nicht mehr können. Gehen Sie nicht über Schmerzen hinweg, lernen Sie vielmehr aus ihnen, dann können Sie die richtige Art zu laufen herausfinden. Experimentieren Sie, bis Sie eine Methode zu laufen finden, bei der Sie keine Schmerzen oder Schwierigkeiten haben. Ihr Körper wird Sie dabei auf natürliche Art und Weise führen, wenn Sie ihn nicht zwingen. Seien Sie freundlich, aber diszipliniert, sanft, aber fest.

Es gibt verschiedene Dauerlaufvariationen, die jeweils ganz spezielle Wirkungen haben. Eine sehr gute Variation ist der

Dreh-Dauerlauf. Hierbei werden Oberkörper und Arme im Rhythmus des Laufschritts von einer Seite zur andern gedreht. Die Arme schaffen Schwung beim Drehen, und die Höhe, auf der die Hände gehalten werden, bestimmt, wie weit die Drehung herumgeht. Das Hin- und Herdrehen kräftigt und belebt die Nerven, die durch die Wirbelsäule verlaufen und massiert die Eingeweide. Bei einer anderen Laufvariante werden die Arme mit gefalteten Händen hoch über dem Kopf ausgestreckt. Das hebt und weitet die Brust, so daß mehr frische Luft durch die Lungen fließen kann. Arme, Brust und Bauchdecke werden dabei gut gedehnt. Bei einer dritten Variation werden die Knie hochgezogen und die Fersen beim Laufen gegen die Pobacken geschlagen. Das ist gut für die Kniegelenke und erfordert mehr Anstrengung.

Wenn Sie Ihren Dauerlauf beenden wollen, hören Sie nicht abrupt auf, sondern werden Sie allmählich langsamer, sonst werden Sie steif. Wenn Sie richtig geatmet haben, mag es vorkommen, daß Sie reichlich schwitzen, und das wird Ihr gesamtes System reinigen. Dennoch sollten Sie nicht früher als eine halbe Stunde nach dem Laufen baden oder duschen, denn sonst könnte der Körper einen Schock erleiden. Außerdem sollten die Poren Gelegenheit erhalten, den Schweiß weiter fließen zu lassen. Halten Sie sich währenddessen warm.

Es ist günstig, sich nach dem Laufen abermals zu dehnen, um Krämpfe oder Muskelkater zu vermeiden. Die Yoga-Haltungen sind dafür am besten geeignet. Man kann sie entweder vor oder nach dem Laufen machen oder beidemale. Laufen nach den Yoga-Übungen lockert und regt an; Laufen vor den Yoga-Übungen macht ruhig und ausgeglichen für den Tag.

Aber wenn Ihre Zeit gerade nur zum Laufen reicht, tun Sie lieber das. Machen Sie die Yoga-Übungen zu einer anderen Zeit.

Sie werden sehr viel eher regelmäßig laufen, wenn Sie das zu einem festen Bestandteil Ihres täglichen Stundenplans machen. Dann wird es zur Gewohnheit, auf die sich der Körper automatisch vorbereitet. Auf diese Weise wird unbewußter Widerstand verringert. Wenn Sie schwerfällig, älter oder sehr aus der Übung sind, sollten Sie mit Spazierengehen anfangen, bevor sie laufen. Wenn Sie anfangen wollen zu laufen, machen Sie es sich zunächst ganz einfach: Hören Sie auf mit dem, was Sie gerade tun und gehen Sie nach draußen. Wenn Sie sich nicht umziehen mögen, laufen Sie in den Kleidern, die Sie gerade tragen. Wenn Sie zum Laufen zu müde sind, gehen Sie einfach nur spazieren und bald schon können sie in Laufschritt fallen. Oft werden Sie bemerken, daß Sie gar nicht so müde sind, wie Sie gedacht haben. Aber setzen Sie sich keine rigiden Ziele. Wenn Sie beschlossen haben, 15 Minuten zu laufen und sich nun schon nach 10 Minuten zu müde fühlen, um weiter zu laufen, dann hören Sie auf. Lassen Sie sich von Ihrem Körper leiten. Sie sollten durch den Dauerlauf Energie gewinnen, nicht verlieren. Drängen Sie nicht ungeduldig vorwärts, aber seien Sie auch nicht faul. Nach einigen Wochen täglicher Übung wird Dauerlaufen eine Gewohnheit für Sie geworden sein.

In der Morgendämmerung hat die Luft eine ganz besondere Qualität, und es ist sehr gut, dann zu laufen. Der späte Nachmittag, wenn Ihre Energie nachgelassen haben mag, ist ebenfalls eine gute Zeit zum Laufen. Wenn Sie sich niedergeschlagen fühlen, ist das gleichfalls ein günstiger Moment zum Laufen, denn dadurch wird der Stoffwechsel wieder in Gang gesetzt, und Sie werden belebt und gestärkt. In einer solchen Situation ist es dann aber auch am schwierigsten, sich zum Laufen zu überwinden. Deshalb: Machen Sie es sich zur Gewohnheit, und es wird leichter für Sie sein. Laufen Sie jedoch niemals mit vollem Magen. Lassen Sie nach dem Essen immer erst ein paar Stunden verstreichen.

Es ist besser, draußen zu laufen als drinnen, aber drinnen oder sogar auf der Stelle zu laufen, ist besser, als es überhaupt nicht zu tun. Zweimal am Tag zu laufen, ist eine ausgezeichnete Übung. Der Lauf braucht nicht länger als 15 Minuten zu dauern, um seine vorteilhaften Wirkungen zu entfalten. Einhundert Atemzüge oder fünfhundert Schritte in einem bequemen, lockeren Tempo, das ist ein guter Lauf. Ein gutes Ziel, auf das man hinarbeiten kann, sind drei Meilen pro Tag. Lange, schnelle Läufe sind nicht so geeignet, all die vorteilhaften körperlichen und seelischen Wirkungen zu erzielen wie regelmäßige, langsamere und kürzere Läufe.

Im Anfangsstadium mag Dauerlaufen vielleicht schwierig sein, weil Sie nicht so viel leisten können, wie Sie gerne möchten; aber Wachstum erfolgt in Stufen, und eines Tages werden Sie plötzlich in der Lage sein, sehr viel mehr zu leisten als zuvor, wenn Sie nicht selbst Ihre Fortschritte rückgängig machen, indem Sie aufgeben oder zu sehr vorandrängen. Tun Sie beides nicht, denn der Dauerlauf ist eine äußerst wirkungsvolle Übung, die Ihnen rundherum ein Wohlgefühl und gesunde innere Bedingungen für eine geistige Entwicklung verschafft. Der Dauerlauf ist die vollkommene Ergänzung für die Yoga-Übungen.

Frauen können all diese Übungen genauso machen wie

Männer, jedoch nicht während der Menstruation, der letzten fünf oder sechs Monate einer Schwangerschaft und etwa der ersten sechs Wochen nach einer Geburt. Frauen sollten die ersten paar Tage der Menstruation als Gelegenheit betrachten auszuruhen, sich entspannen und lieber Zwerchfellatmung und das wechselseitige Nasenatmen (Nadi Shodanam)[1] praktizieren, meditieren und inspirierende Bücher lesen, anstatt irgendwelche heftigen und anstrengenden Übungen zu machen. Der Körper geht zu diesem Zeitpunkt durch einen natürlichen Reinigungsprozeß, und es ist nicht gesund, Energie von den Stellen abzuziehen, wo sie gebraucht wird. Das ist kein sexistisches Vorurteil, sondern eine physiologische Tatsache. Während der Menstruation Yoga-Übungen oder einen Dauerlauf zu machen, kann zu Krämpfen und verstärkter Blutung führen. Macht man diese Übungen jedoch in der übrigen Zeit, so können sie eine kräftige und gesunde Konstitution schaffen helfen, welche die sogenannten "Frauenprobleme" geringfügig werden läßt. Denn man wird dann die Erfahrung machen, daß man sich während der Periode weniger unwohl fühlt, weniger Unregelmäßigkeiten auftreten und Menstruationsstörungen beseitigt werden.

Schwangerschaft und Geburt werden ebenfalls leichter, wenn man die Yoga-Haltungen regelmäßig geübt hat. Einige einfache Übungen im Stehen, Sitzen, Hocken und Liegen, bei welchen der Unterleib nicht in Mitleidenschaft gezogen wird, kann man auch während der Menstruation, der Schwangerschaft und der Zeit direkt nach der Geburt machen. Die Umkehrhaltungen jedoch oder Vorwärts- und Rückwärtsbeugen sind nicht

1. (Anm.d.Übers.).

zu empfehlen. Die Posititon der Hocke kann allerdings dabei helfen, Krämpfe zu lindern, die während der Menstruation auftreten. Nach dem vierten Schwangerschaftsmonat sollten Frauen mit allen Übungen aufhören mit Ausnahme einiger einfacher Dehnübungen. Alle Übungen, die den Beckenraum miteinbeziehen, können dem ungeborenen Kind gefährlich werden. Frauen, die zum erstenmal mit Yoga -Übungen anfangen wollen, sollten damit bis sechs Monate nach der Geburt ihres Kindes warten.

Die beste Übung für eine werdende Mutter ist die Entspannungshaltung auf dem Rücken, die recht oft zusammen mit der Zwerchfellatmung praktiziert werden sollte. Schwangere Frauen sollten überhaupt keinen Dauerlauf machen, aber Spazierengehen ist sehr gut. Wenn Frauen aber Dauerlauf machen, sollten sie ihre Brüste schützen und Kleidung tragen, die sie gut stützen oder aber die Brust mit gekreuzten Armen festhalten. Frauen sollten auch ganz besonders darauf achten, daß sie auf den Fußballen laufen, damit sie weich aufkommen und so einer Lageveränderung des Uterus vorbeugen. Der Dauerlauf scheint für Frauen ganz besonders segensreich zu sein, da sie zu den Beschwerden neigen, die durch ihn beseitigt werden und auch, weil sich Frauen meist nicht anderweitig sportlich betätigen.

Kinder sind von Natur aus beweglich, sie spielen und laufen und recken und strecken sich gern. Sie haben Freude an ihrem Körper, und jede neue Körpererfahrung ist ihnen willkommen. In einer Familie, in der Yoga -Übungen und Dauerlauf gemacht werden, bekommen die Kinder all das spielerisch mit, indem sie ihre Eltern beobachten. Andernfalls kann man ihnen im Alter von 7 -9 Jahren eine einfache Übungsfolge beibringen.

Da sie sich aber nicht so lange konzentrieren können und ihnen die Muskelkraft und die Kontrolle eines Erwachsenen fehlen, sollten sie die Stellungen auch nur kürzere Zeit halten und nicht gezwungen werden, über ihre Kraft zu gehen. Man sollte vorsichtig vorgehen, wenn man Kindern die Umkehrhaltungen beibringt, da ihre Knochen und Muskeln noch nicht voll entwickelt sind und sie ihr eigenes Gewicht noch nicht sicher tragen können. Übertriebenes Üben des Schulterstandes ist bei Kindern in der Vorpubertät nicht ratsam wegen der stimulierenden Wirkung dieser Ubung auf die Schilddrüse, die das Wachstum reguliert. Kinder unter 12 Jahren können die Kobra, die halbe Heuschrecke, den Bogen, die Zange, den Pflug und die *Yoga Mudra* ohne Schaden machen, aber man vermeidet besser den Kopfstand, den Pfau, das Baucheinziehen und andere schwierige Übungen bis zum Alter von 12 Jahren bzw. bis zur Pubertät. Die Jugend ist eine günstige Zeit, um mit Yoga -Übungen zu beginnen, aber in der Kindheit ist das nicht so wesentlich.

Dauerlauf ist auch sehr gut für Kinder. Denn obgleich sie im allgemeinen viel laufen und spielen, ist eine überraschend große Zahl von ihnen nicht gut in Form, weil ihnen die regelmäßige Übung fehlt. Der Dauerlauf gibt ihnen dazu eine gute Möglichkeit. Er hilft ihnen auch, aufgestaute Energie abzubauen und gibt der ganzen Familie einen Anlaß, etwas gemeinsam zu tun. Dauerlaufen ist gut für ein Kind, daß sich beim Gruppensport ungeschickt anstellt oder keinen Wettbewerb mag. Es ist eine gesunde Aktivität und kann ihm gleichzeitig helfen, sich mit sich selbst mehr im Reinen zu fühlen. Kinder sollten jedoch aufpassen, sich nicht zu überanstrengen und nicht üben, ohne auf ihre Bewegungen zu achten.

Durch diese Übungen werden die Kinder kräftig, ausdauernd, agil und zur Koordination ihrer Bewegungen fähig, während gleichzeitig vielen Krankheiten vorgebeugt wird und sich ihr Geist besser entwickelt. Man hat auch herausgefunden, daß der Intelligenzquotient eines Kindes steigen kann, wenn es seine Sauerstoffzufuhr durch richtiges, tiefes Atmen erhöht; und die Atmung wird sowohl durch Yoga-Übungen als auch durch Dauerlaufen verbessert. Aus den Gewohnheiten, die man in der Kindheit ausbildet, formt sich das spätere Leben des Erwachsenen.

Ein vorgerücktes Alter ist jedoch kein Hinderungsgrund, mit Yoga-Übungen zu beginnen, wenn das mit der nötigen Vorsicht geschieht. Es ist niemals zu spät, mit diesen Übungen anzufangen oder sie wieder aufzunehmen, sie entfalten ihre positiven Wirkungen immer und in jedem Fall. Man hat bereits angefangen, die Yoga-Übungen in Altersheimen zu lehren, und ältere Menschen haben Freude daran, sie sanft zu praktizieren und ihre Wirkungen zu spüren.

Ältere Leute brauchen nicht einfach nur auf Verfall und Tod zu warten. Sie können die Zeit nutzen, um gesünder zu werden, als sie es jemals waren, aber sie sollten mit sanften Dehnübungen anfangen und immer darauf achten, nicht über bequem erreichbare Leistungen hinauszugehen. Sie können sehr viel von den Yoga-Übungen profitieren, da ihre Auswirkungen einige allgemein verbreitete Alterskrankheiten lindern, wie z.B. zu hohen Blutdruck, Schlaganfall, Diabetes, Schlaflosigkeit, Arthritis, Verdauungsstörungen, Verstopfung und chronische Schmerzen. Um steife Gelenke, spröde Knochen und gebrechliche Sehnen, Bänder und Muskeln nicht zu gefährden, sollte man behutsam vorgehen. Aber innerhalb ihrer Grenzen können ältere Menschen ihre Lebensfreude durch eine Reihe solcher Dehnübungen erhöhen.

Das gleiche gilt für den Dauerlauf: Wenn man allmählich beginnt mit einem regelmäßigen Programm täglicher Spaziergänge, kann das Tempo schließlich gesteigert und die Strecke länger werden, bis es angenehm wird, ein - oder zweimal am Tag einen langsamen Dauerlauf zu machen. Das ist sehr gut, um das gesamte System in Ordnung zu bringen und zu verjüngen. Schwache und kranke Menschen in Altersheimen sind gesund, lebendig und glücklich geworden, weil sie Übungsprogramme aufgenommen haben, die aus Yoga -Übungen und Dauerlaufen bestanden. Dadurch kann ihre Lebensqualität entschieden verbessert werden, so daß sie sich darauf freuen, länger zu leben. Krankheit ist oft eine Folge von Inaktivität und Depression, aber sie kann durch Übungen und das daraus folgende Gefühl von Sinn und Wohlbefinden überwunden werden. Es gibt viele Marathonläufer, die über sechzig oder siebzig Jahre alt sind. Das Alter kann nicht als Entschuldigung gelten, wenn man sich davor drückt, die Verantwortung für seine Gesundheit selber zu übernehmen.

So ist also für alle, die danach suchen, ein bestimmtes Maß an Vitalität, Bewußtheit und Frieden erreichbar. Für den Beginn ist es ein guter Weg, den Körper durch Übungen in einen gesunden Zustand zu versetzen. Nur wenn man gesund ist, können Geist, Wille und Gefühle trainiert werden, und das ist eine wesentliche Voraussetzung für geistiges Wachstum.

5

Still werden

Erst wenn man gelernt hat, für seinen Körper zu sorgen, kann man den Weg nach innen gehen. Richtige Reinigung, Ernährung und Körperübungen sind die Vorbedingung für den nächsten Schritt in der Gesundheitspflege. Dieser Schritt heißt: still werden. Still zu werden, ist sehr wichtig, und wenn man es systematisch lernt, nicht besonders schwer. Hat man den Körper erst einmal vorbereitet, so ist es wesentlich, stillsitzen zu lernen. Auch durch die beste Ernährung lernt ein Mensch nicht, seinen Geist zu beherrschen, wenn er nicht weiß, wie er das anstellen soll. Auch der tollste Sportwagen wird bald hinüber sein, wenn man ihn rücksichtslos fährt. Mit dem Menschen ist es genauso. Ein starker Körper, den ein unbesonnener Geist beherrscht, wird rastlos und krank. Man sollte sich der Wechselwirkung von Geist und Körper bewußt werden, denn beide haben eine so enge Beziehung zueinander, daß der Körper den Geist stören kann. Wenn der Körper krank ist oder Schmerzen leidet, dann geht es auch dem Geist nicht gut. Genauso schafft ein ruheloser Geist einen verspannten und nervösen Körper.

Man sollte sich jedoch vergegenwärtigen, daß im allgemeinen der Geist den Körper regiert. Der Geist regt sich immer zuerst, dann erst folgt der Körper, so daß unsere Körpersprache vollkommen abhängt von dem, was in unserm Geist geschieht. Probieren Sie einmal folgendes aus: Versuchen Sie, Ihren Arm zu heben, ohne vorher daran zu denken. Es geht nicht. Um den Arm zu heben, muß man erst denken: "Arm heben" und dann vom Gehirn aus die Botschaft durch das Nervensystem in den Arm schicken. Der Arm wird sich nicht bewegen, bis ihm der Geist den Befehl dazu gegeben hat.

Genauso aber, wie der Geist Botschaften an den Körper schickt, so sendet auch der Körper beständig Nachrichten an den Geist. "Dieser Stuhl ist hart, diese Haltung verursacht Schmerzen im Rücken." Wird der Geist ständig von derartigen Körperbotschaften belästigt, so wird er sehr aktiv, aufgeregt und abgelenkt durch den Versuch, all diese Daten zu verarbeiten. Er kann nicht ruhig bleiben.

Deshalb muß man zunächst einmal all das Geplapper abstellen, das vom Körper herkommt, wenn man lernen will, ruhig zu sein. Das fängt damit an, daß man die Kunst des Sitzens erlernt. Indem man eine sichere, bequeme Sitzhaltung entwikkelt, befreit man sich von den Ablenkungen des Körpers und wird fähig, seine Aufmerksamkeit dem Geist zuzuwenden. Denn wenn der Körper nicht ruhiggestellt ist, kann der Geist nicht ruhig sein, und wenn man seinen Körper in eine unbequeme Position bringt, so muß er zu einer ständigen Quelle der Ablenkung werden. Außerdem: Wenn man eine Woche lang in der einen Haltung sitzt und die nächste Woche in einer andern, so wird sich auch die geistige Haltung verändern. Deshalb ist es sehr wichtig, eine Haltung zu wählen, in der man vollkommen ruhig bleiben kann.

Die Bibel spricht von der Bedeutung der Stille: “Sei still und wisse, ich bin Gott.” Wenn ein Mensch das lernt, wird sich das Göttliche in ihm offenbaren. Aber jener göttliche Teil in ihm kann sich nicht offenbaren, wenn der Mensch nicht ruhig wird. Deshalb sollte man mit aller willentlichen und bewußten Anstrengung lernen, ruhig zu werden. Wenn man nur dies lernt, so wird man keine Probleme mehr haben. Am Anfang bedeutet dies nur, völlig regungslos dazusitzen, aber später, wenn man einmal gelernt hat, was Stillsein ist, wird man den Körper bewegen, in der Welt leben und handeln und dennoch ruhig bleiben können. Ruhe, Stille und ein auf einen Punkt gerichteter Geist sind identisch, und wenn man dies einmal wahrhaft begriffen hat, so kann man sich immer und überall in einen solchen Zustand versetzen. Mit anderen Worten: Wirkliches Ruhigsein bedeutet nicht bloße Abwesenheit von Bewegung, es bedeutet vielmehr Gelassenheit und verantwortliches Handeln aus dieser Gelassenheit heraus. Es bedeutet, sich ohne inneren Zwang seinen Pflichten zu widmen und dabei weder durch äußere Umstände berührt noch “aus der Fassung” gebracht zu werden.

Um dieses Ziel zu erreichen, braucht man zuallererst Selbstdisziplin. Alles, was die Tiere tun, wird von der Natur bestimmt und gelenkt; aber bei den Menschen ist das anders. Die Handlungen der Menschen werden von ihren Wünschen bestimmt, und diese können nur durch Selbstdisziplin kontrolliert werden.

Viele Menschen haben Angst vor dem Wort “Disziplin”, denn wenn sie einem anderen auferlegt wird, ist sie ganz entschieden unangenehm. Aber Disziplin, die man selber akzeptiert, hält Körper und Geist kräftig und gesund. Disziplin bedeutet in Wirklichkeit, geregelte Gewohnheiten anzunehmen, und Gewohnheiten sind die Grundlage des menschlichen Charakters. Man identifiziert sich sein ganzes Leben lang mit seiner Persönlichkeit, mit seinem Charakter, aber wer hat sie geformt? Gott? Die Natur? Die eigenen Gewohnheiten haben den Charakter gewoben, und aus ihrem Muster setzt sich die Persönlichkeit zusammen. Die Gewohnheiten sind tief verwurzelt in den Motiven, die man hat. Man kann diese Gewohnheiten verstärken oder sie ändern. Wenn man sich wirklich verändern will und begriffen hat, wie sich Gewohnheiten herausbilden, dann wird man auch bald erfahren, daß es ganz einfache Methoden dafür gibt. Im Laufe der Zeit und mit Hilfe dieser Gesetze kann man systematisch eine innere Wandlung vornehmen, die in den alten Texten *samayama* genannt wird. Man kann zwar nicht sein Gesicht, seine äußeren Züge oder seine Gestalt ändern, aber man kann seinen inneren Zustand vollständig wandeln. Heute mag man sich verurteilen und schlecht fühlen wegen seiner Gewohnheiten, aber schon morgen kann man sich völlig ändern und in Berührung kommen mit seinem inneren Potential an Kreativität, Glück und Wahrheit.

Selbstdisziplin kann man nur durch die ganz bewußte Steuerung des Willens erreichen. Der Wille ist ein sehr mächtiges Werkzeug auf dem Weg zum Erfolg. Willenskraft erwirbt man, indem man seinen Geist konzentriert und auf einen Punkt richtet. Je mehr der Geist abgelenkt wird, desto schwächer wird die Willenskraft. Es ist nicht einfach, den Geist in seiner Gesamtheit zu kontrollieren, denn der Geist ist ungeheuer umfassend. Und so heißt es auch in den alten Schriften: “Das

Umfassendste aber ist der Geist." Es gibt nur eines, das noch umfassender ist als der Geist: das Bewußtseinszentrum in uns. Aber den Teil des Geistes, den wir in unserem täglichen Leben benutzen, können wir sehr leicht unter Kontrolle bringen, wenn wir das systematisch lernen und üben.

Das erste, was wir lernen müssen, ist Regelmäßigkeit, bzw. Beständigkeit im Üben. Um dies zu erreichen, sollten wir es uns zur Gewohnheit machen, ein- oder zweimal am Tag ruhig zu sitzen. Hierfür ist es wichtig, eine bequeme und feste Sitzhaltung zu finden, entweder auf einem Stuhl oder auf dem Boden. Festigkeit erreicht man dadurch, daß man Kopf, Hals und Rücken in einer geraden Linie hält. Ein paar Tage lang mag man sich dabei vielleicht ein wenig unbehaglich fühlen, aber geduldiges und sanftes Üben wird einem dabei helfen, fest und bequem zu sitzen. Auch hier ist Übertreibung keinesfalls zu empfehlen. Es ist besser, zweimal fünf Minuten am Tag korrekt zu sitzen als einmal in der Woche eine Stunde lang.

Bei dem Versuch, eine geeignete Sitzhaltung zu finden, beginnen viele Leute, die östliche Bücher gelesen haben, mit schwierigen Stellungen wie z.B. dem *padmasana* oder *siddhasana* (dem Lotussitz oder dem vollkommenen Sitz), ohne zuvor ihre Körper geschmeidig gemacht zu haben. Dadurch kann man die Knie überdehnen, und Schmerzen, Unbehagen, ja sogar Verletzungen können die Folge sein. Solch körperliches Unbehagen aber wirkt ablenkend und behindert dabei, innere Ruhe zu finden. Stattdessen sollte man lieber jede andere Haltung wählen, in der man bequem und gerade sitzen kann. Nur so kann man lernen, körperlich beständig und ruhig zu werden. Es ist wichtig, Kopf, Nacken und Rumpf gerade zu halten, denn wenn man krumm oder in sich zusammengesunken dasitzt, kann die Wirbelsäule nicht richtig ausgerichtet werden, und dann können die drei Energiekanäle—der zentrale Kanal in der Mitte und der sympathische und parasympathische je rechts und links der Wirbelsäule—nicht richtig funktionieren. Wenn der Körper stillsitzt, sollte man innerlich nicht angespannt sein. Jede Spannung überträgt sich auf die Muskeln und das Nervensystem. Aus der gesamten Körperstruktur und der Art und Weise des Sitzens aber gewinnt man seine Beständigkeit und Ruhe.

Es ist sehr wichtig, jeden Tag zur gleichen Zeit dieselbe Haltung einzunehmen. Deshalb sollte man eine Haltung wählen, in der man sich bequem und sicher fühlt. Eine Haltung sollte man für den hier angesprochenen Zweck jedoch nicht benutzen, und zwar die Entspannungshaltung. Diese Haltung, bei der man auf dem Rücken liegt und Beine und Hände leicht vom Körper abgespreizt hält, führt zu tiefer Entspannung und ist sehr bequem, wird aber nicht als fest und sicher betrachtet. Wenn man diese Haltung übt, kann man jedoch lernen, körperliche Spannungen abzubauen.

Es ist sehr wichtig, körperliche Spannungen zu lösen, denn Muskelverspannung kann verheerende Folgen für unseren Körper haben, weil sie Herz, Leber, Gehirn und Verdauungssystem angreift. Wenn man lernen will, sich zu entspannen, lege man sich auf den Rücken, die Füße etwa 50 cm voneinander entfernt, die Hände auf dem Oberbauch, und ein weiches Kissen unter dem Kopf, falls der Boden hart ist. Dann sollte man den Körper systematisch von Kopf bis Fuß und wieder zurück durchgehen, die Verspannungen orten und sie ganz bewußt lösen. Wenn man erst einmal seine eigenen geistigen Fähigkeiten voll erfaßt hat, wird man dies innerhalb weniger Tage mit Erfolg tun können. Es ist sehr wichtig, daß man nicht Autosuggestion betreibt, sondern vielmehr die Bewegung des Zwerchfells beobachtet und dann sanft und tief atmet, so wie es im Bereich der eigenen Möglichkeiten als bequem und angenehm empfunden wird. Den Körper ruhig und den Atemfluß gleichmäßig tief werden zu lassen, wird dabei helfen, das Nervensystem und jene Muskelpartien zu entspannen, die vom autonomen Nervensystem gesteuert werden. Diese Entspannungsübung sollte nicht länger als 10 Minuten dauern, sonst schläft man möglicherweise dabei ein. Nach 10 Minuten sollte man willentlich den ganzen Körper anspannen und dann wieder entspannen, nochmals den Körper durchgehen und den langsamen, tiefen Fluß des Atems beobachten.

Macht man diese Übung regelmäßig, wird man reichen Nutzen daraus ziehen. Der Blutdruck sinkt, Herz, Leber und Verdauungsorgane arbeiten effektiver. Man ist weniger verspannt und verfügt über mehr Kraft, Energie und eine größere Vitalität. Allein durch das Üben dieser Entspannungshaltung in Verbindung mit tiefer Zwerchfellatmung wächst die Lebenserwartung und wird die Gesundheit gefördert.

Noch eine letzte Ermahnung zur Regelmäßigkeit: Um das Stillsitzen zu üben, sollte man eine feste Zeit wählen und diese auch konsequent einhalten. Die beste Zeit dazu ist entweder früh am Morgen oder abends. Doch ist im Grunde jede Zeit geeignet, in der man nicht durch andere Pflichten gestört wird oder mit sonstigen Unterbrechungen und Ablenkungen rechnen muß. Es ist wichtig, in dieser Weise durch Pünktlichkeit förderliche

Gewohnheiten herauszubilden, um dem Druck schlechter Gewohnheiten entgegenzuarbeiten, die den Körper unter Streß halten. Ein Körper, welcher beständig den belastenden Einflüssen solcher Gewohnheiten unterworfen bleibt, wird stets ungesund sein.

Der zweite Punkt, den es zu verstehen und zu beachten gilt, wenn man lernen will, innere Ruhe zu finden, ist die Notwendigkeit, Geduld mit sich selbst zu entwickeln. Angenommen, man möchte ruhig sitzen, kann das aber, da man es nie gelernt hat, nur zwei Minuten lang durchhalten, bevor der Geist schon wieder abzuschweifen beginnt: Man verändert ein bißchen seine Haltung, versucht wieder ruhig zu sitzen und korrigiert die Sitzhaltung schließlich abermals. So etwas sollte man akzeptieren. Mißerfolge werden zu Säulen des Erfolgs, vorausgesetzt man zieht Nutzen aus solchen Situationen und lernt aus ihnen. Man sollte sich nicht überfordern und langsam vorangehen. Am ersten Tag genügen zwei Minuten. In den Schriften steht, daß man *samadhi* erreichen kann, wenn man nur 10 Minuten lang ruhig, gerade und bequem mit einem ganz auf einen Punkt konzentrierten Geist dazusitzen vermag. Es ist also am besten, die eigenen Fähigkeiten langsam und allmählich wachsen zu lassen und zu lernen, geduldig mit sich selbst zu sein.

Geduld ist eine große Tugend, aber was bedeutet sie? Sie bedeutet weder Faulheit noch Mangel an Bemühung noch gar das Aufgeben aller guten Vorsätze. Geduldig zu sein bedeutet zu beobachten. Wenn man gelernt hat, geduldig zu sein, wird man sich nicht mehr selbst verurteilen, weil man Schwierigkeiten hat, die aus den eigenen Denkgewohnheiten entstehen. Geduld bedeutet, gleichsam am Ufer des Lebensflusses zu stehen und auf die Rückkehr seines Schiffes zu warten. Der Fluß hat eine Strömung. Man wiederholt nicht, was man schon getan hat, und man sieht auch nicht, was man noch nicht getan hat. Man wartet geduldig darauf, die Früchte seiner Taten zu sehen, zufrieden damit, sein Bestes zu tun und auf diese Art und Weise Entscheidungen für die Zukunft zu fällen.

Man sollte also lernen, geduldig mit sich selbst zu sein. Du selbst kennst dich besser als irgend jemand sonst. Nur du kennst den Teil deiner Persönlichkeit, den andere niemals gesehen haben, denn man bleibt immer in Kontakt mit dem Teil seiner selbst, der nicht so erfreulich ist. Viele Menschen identifizieren sich mit diesem Teil ihrer Persönlichkeit und fangen an, sich zu verdammen. Heute tun sie etwas, und morgen verurteilen sie sich deswegen. Wenn die Welt ihnen keine Anerkennung zollt, wenn andere Menschen sie nicht loben, dann machen sie sich Vorwürfe. Sie sind sich ihrer inneren Kraftquelle nicht bewußt. Die Menschen sollten den Teil in sich schätzen und bewundern lernen, der ihnen hilft und sie führt. Ganz gleich, wie sehr sie sich selbst verurteilen, ganz gleich, wie schlecht sie selber von sich denken und ganz gleich auch, ob die ganze Welt sagt, daß sie schlecht seien: Sie haben dennoch ganz bestimmte, sehr besondere Qualitäten in sich, die sie einmalig machen. Sie sollten lernen, diese Dinge an sich zu bewundern.

Besteht der erste Schritt zur Entwicklung von Ruhe darin, daß man täglich übt und aus diesem Üben eine Gewohnheit macht, und der zweite Schritt, daß man mit sich selber Geduld hat, so ist der dritte Schritt die ständige Selbstbeobachtung. Man sollte lernen, seine Fähigkeiten zu beobachten. Auch wenn man vielleicht das Stillsitzen gerne praktizieren möchte, so mag einem dennoch manchmal am Anfang, wenn man beginnt, eine Gewohnheit daraus zu machen, der Geist sagen: "Was tue ich denn hier? Das ist doch töricht. Kein Mensch in unserer Kultur und Gesellschaft tut das. Warum soll ich denn überhaupt ruhig dasitzen? Das ist eine vollkommen verrückte Idee. Warum stehe ich nicht einfach auf und trinke eine Cola?" Aber ganz gleich, welcher Kultur oder Religion ein Mensch angehört, er sollte um seiner Gesundheit willen lernen, ruhig zu werden. Wenn man diese Prinzipien wirklich befolgt, wird man keine Schwierigkeiten haben. Es sollte einem von Anfang an klar sein, daß Ruhigsein wesentlich ist, denn man kann nicht meditieren, bevor man nicht gelernt hat, ruhig zu sein. Um aufmerksam sein zu können, muß man innerlich ruhig sein. Das Prinzip lautet: Man kann ein Objekt nicht erforschen, wenn es sich bewegt.

Körperliche Ruhe bedeutet jedoch nicht automatisch auch geistige Ruhe. Wenn man lernt, den Körper ruhig zu halten, wird dafür etwas anderes um so aktiver. Seinen Körper still zu halten bedeutet, seinen Geist zu aktivieren. Und wenn man schließlich sein Wachbewußtsein zur Ruhe gebracht hat, so wird man merken, daß das Unbewußte aktiv wird. Es drängt mit Erinnerungen, Gedanken und Gefühlen hervor, von denen viele unterdrückt waren.

Im Verlauf des Meditationsprozesses bekommt man zunächst Kontakt mit den bewußten Teilen seines Geistes und lernt aus der Wechselwirkung von Körper und Geist. Der uns normalerweise bewußte Teil des Geistes ist der, den wir im täglichen Leben gebrauchen, während wir wach sind. Wenn man nun aber an einem bestimmten Platz immer in der gleichen Haltung sitzt, Kopf, Nacken und Rumpf gerade hält und das

Entstehen und Auftauchen seiner Gedanken beobachtet, wird man langsam dazu fähig werden, mit diesem normalen Wach-bewußtsein und mit dem Körper in Kontakt zu kommen und beide zur Ruhe zu bringen. An diesem Punkt sollte man auf Körperzittern und Muskelspannung achten und ganz bewußt jede Muskelverhärtung lösen, die man bemerkt. Später, wenn der Körper und das Bewußtsein anfangen, ruhig zu werden, wird das Unbewußte aktiv und beginnt, in das Bewußtsein hinein aufzutauchen.*

Am Anfang sollte man das Sitzen nicht übertreiben. In seinem Ehrgeiz sagt man sich, daß man versuchen sollte, lange durchzuhalten und z.B. eine halbe Stunde zu sitzen. Das ist Zeitverschwendung. Es ist auch nicht hilfreich, ständig auf die Uhr zu sehen, um nachzuprüfen, wieviele Minuten man es schon geschafft hat. Man sollte nicht zu beweisen suchen, daß man ein großer Yogi ist. Man muß lernen, von innen her groß zu sein. Allmählich, wenn man ein paar Monate lang geübt hat, kann man auch längere Zeit stillsitzen, aber es hat keinen Sinn, die Zeit geistesabwesend mit Tagträumen und Halluzinationen zu verschwenden und das dann Meditation zu nennen.

Wenn man sich hinsetzt, um zu meditieren, wird das Gedächtnis aktiver. Man erinnert sich, was man in der Vergangenheit getan hat, wer gut und wer schlecht zu einem war, wer Freund oder Feind gewesen ist. Manchmal bringt das Unbewußte Eindrücke aus der Tiefe der Erinnerung herauf, die einen weder glücklich noch unglücklich machen. Man vergißt, daß man dasitzt, um zu meditieren und läßt sich vollständig

* s. Anmerkungen S. 141.

forttragen von dieser Form des Denkens. So in Gedanken versunken zu sein, heißt nicht meditieren, sondern tagträumen. Das ist Energieverschwendung, denn es stärkt in Wahrheit den unkontrollierten Teil des Geistes. Man muß also, wenn man lernen will, ruhig zu werden, Kontrolle über das Bewußtsein gewinnen.

Am Anfang, wenn der Geist hierhin und dorthin abschweift, ist es sehr hilfreich, ganz bewußt seine Atmung wahrzunehmen. Das ist wichtig, denn der Atem ist eng mit dem Bewußtsein verbunden. Wenn man zu atmen aufhört, verliert man das Bewußtsein, und diesen Zustand nennt man Tod. Man kann seinen Geist trainieren und steuern, indem man bewußt seine Atmung wahrnimmt, denn die Atmung ist die Lampe, welche den Pfad zu ständig wachsender Bewußtheit beleuchtet. Wenn man einfach nur lernt, den Atemprozeß zu beobachten, kann man einen Zustand tiefer Meditation erreichen. In den ersten paar Tagen wird dies jedoch eher hinderlich sein, versucht man doch, sein Bewußtsein unter Kontrolle zu bekommen, welches seinerseits zuvor eben jene Kontrolle über einen ausübte. Es wird also Widerstand leisten und nicht gehorchen wollen. Wenn man jedoch beginnt, es unter Kontrolle zu bekommen, wird es sich vollständig verändern. Ganz am Anfang kann es geschehen, daß die Einatmung plötzlich abbricht und man die Empfindung hat zu ersticken oder völlig außer Atem zu sein. Man sollte dann nichts weiter tun als einfach fortfahren, auf seinen Atem zu achten, und dieses Gefühl wird schnell verschwinden. Lassen Sie den Geist den Atem wahrnehmen und beobachten, wie er fließt. Wenn man das drei Minunten lang tun kann, nur drei Minuten ohne Ablenkung, so wird das gute Ergebnisse zeitigen.

Neben der Atemwahrnehmung sollte man auch üben, sich der Sensibilität des Nervensystems bewußt zu werden. Manche Leute halten diese Empfindungsfähigkeit fälschlicherweise für eine psychische Fähigkeit, aber das ist ein Irrtum. Ich hatte einmal ein Erlebnis, das diesen Punkt erhellt:

Als Kind lebte ich in Kalipur, an der Grenze zwischen Tibet und Indien, und ich lernte Kung Fu. Man hatte mich gelehrt, niemandem ein Leid zuzufügen, niemanden zu verletzen oder zu töten, und ich wurde sehr passiv, weil ich das Prinzip der Gewaltlosigkeit nicht richtig verstand. Wenn mich ein Tier angriff, verteidigte ich mich nicht. Deshalb wurde ich zu einem Kung Fu -Lehrer geschickt, der über 90 Jahre alt war. Dieser alte Mann war von Geburt an blind, aber wenn ich meinen Finger im Kreis bewegte, so sagte er: "Du machst mit deinem Finger einen Kreis." Und wenn ich den Finger schüttelte, sagte er: "Nun schüttelst du deinen Finger." Ich hatte den Verdacht, daß er in Wirklichkeit sehen konnte und daß er einen Trick gebrauchte, um blind zu erscheinen, aber als ich ihn fragte, wie er das denn mache, und ihm von meinem Verdacht erzählte, zeigte er mir seine leeren Augenhöhlen. Ich war höchst erstaunt. Aber selbst dann dachte ich noch: "Da ist ein Trick dabei. Er hat es irgendwie geschafft, seine Augäpfel in eine andere Richtung wegzudrehen." So skeptisch war ich.

Eines Tages sagte er: "Komm einmal her. Ich werde dir jetzt zeigen, daß ich nicht mit meinen Augen, sondern kraft anderer Sinne alles sehen kann. Ich will, daß zehn von euch mit Stöcken auf mich losgehen und ihr Bestes versuchen, mich zu schlagen. Ich selber werde keinen Stock haben."

Ich sagte: "Das werde ich keinesfalls tun, denn du bist blind."

Er sagte: "Du kannst dir dein überflüssiges Mitleid wegen meiner Blindheit sparen. Ich bin nicht blind. Mein Nervensystem ist so aktiv und empfindlich, daß ich jede Geräuschvibration in meiner Nähe besser wahrnehmen kann als du. Ich kann die Dinge durch mein Nervensystem sehen, ich brauche keine Augen."

Dann begannen einige seiner Schüler, die ihn gut kannten, ihn anzugreifen. Er stand in der Mitte eines Kreises von zehn Leuten und schlüpfte ruhig durch eine Lücke im Kreis, während die Schüler hinter ihm gegenseitig aufeinanderschlugen. Er fing an zu lachen und sagte: "Noch einmal."

Beim zweiten Mal schnappte er sich den Stock eines Schülers und kämpfte gegen alle. Niemandem gelang es, ihn zu verletzen. Er war so wach und sensibel für das, was rund um ihn vor sich ging, daß er jede Bewegung in seine Richtung wahrnahm. Durch Disziplin und Willenskraft hatte dieser Mann die Sensibilität seiner Nerven bis zu dieser außergewöhnlichen Höhe entwickelt. Er war in der Lage, ohne Augenlicht zu sehen.

Normalerweise wird, wenn jemand etwas betrachtet, die Sinneswahrnehmung durch den Sehnerv ins Gehirn gesendet und von dort zu den jeweils angesprochenen Teilen des Körpers weitergeleitet. Das Nervensystem ist sozusagen der Vermittler zwischen Gehirn und Körper. Der Körper ist einem Haus und das Nervensystem darin einem weitläufigen Netzwerk von Drähten vergleichbar. Das Gehirn ist gleichsam eine Glühbirne und der Geist die Energie, welche beständig durch jenes Netzwerk fließt, das das Nervensystem darstellt. Wenn das Haus nicht gut in Ordnung gehalten wird, sind alle seine inneren Einrichtungen nutzlos. Die Elektrizität wird auch nicht richtig genutzt, wenn jemand zwar einen wundervollen Geist hat, die Glühbirne aber zerbrochen ist, und es ist ebenfalls nutzlos, wenn zwar die Glühbirne sehr gut ist und der Strom richtig fließt, die Drähte jedoch an verschiedenen Stellen zerschnitten sind.

Alle Lebewesen haben ein Nervensystem, aber sie unterscheiden sich im Grad ihrer Sensibilität. So fließen zum Beispiel, wenn man eine Pflanze abschneidet, keine Tränen an ihren Blättern herab. Sie hat zwar eine Art Nervensystem, aber dieses ist nicht sehr hoch entwickelt. Wenn sich jedoch jemand in den Fuß schneidet oder sonstwie verletzt, wird er sofort weinen, und Tränen werden aus seinen Augen rollen. Er hat ein aktives Nervensystem. Sensibilität der Nerven ist nicht nur eine körperliche, sondern auch eine geistige und seelische Eigenschaft. Dieses beim Menschen so aktiv arbeitende Nervensystem ist ein Geschenk der Evolution, und wir sollten es zu unserem Vorteil nutzen, indem wir es richtig entwickeln.

Viele Menschen sind unsensibel in ihren Beziehungen, weil sie nicht wissen, wie sie die Sensibilität, die sie doch in sich haben, entwickeln sollen. Aber das Gefühlsleben eines Menschen hängt vollständig von dieser Sensibilität ab, denn Sensibilität ist Teil der Wahrnehmungsfähigkeit und damit des Bewußtseins. Oft, wenn die Leute so daher reden, sagen sie: "Das ist mir bewußt." Damit meinen sie dann bestimmte Tatsachen, sie sind sich klar über etwas Materielles und ganz Offensichtliches.

Für diese Art äußerlicher und oberflächlicher Dinge sind viele Leute zwar sensibel, aber sie bleiben blind für das, was in ihrem Innern geschieht. Das ändert sich, wenn man zu meditieren beginnt. Im Anfangsstadium der Meditation kann man sehr wach und empfindsam werden für Dinge, die man in der Vergangenheit getan hat und mag sich ihretwegen schuldig oder unglücklich fühlen. Anstatt diese Gefühle zu akzeptieren, leisten ihnen die meisten Menschen Widerstand, weil sie nicht wissen, wie man sich selbst verzeiht. Also machen sie sich Vorwürfe. Dies wird zur Gewohnheit, die sie dann auch auf andere anwenden. Und so verzeihen sie auch einem andern nicht, wenn er etwas getan hat, das ihnen mißfällt. Allmählich werden sie dann unempfindlich für die positiven Dinge in sich selbst und in anderen. Sie sehen nur noch das Negative. Man sollte lernen zu verzeihen, indem man es gelegentlich einfach tut, ob es nun den eigenen Wünschen entspricht oder nicht. Wenn man einen Fehler gemacht hat, sollte man die Tatsache akzeptieren, daß ein Fehler nur ein Fehler ist. Man sollte ihn nicht wiederholen, aber man sollte sich nicht dafür verurteilen. Auf diese Weise kann man seine Sensibilität vergrößern.

Wenn jemand sich selber weder schätzt noch akzeptiert, dann deshalb, weil er negative Meditation betrieben hat. Diese hat aus ihm gemacht, was er heute ist. Sorge und Ärger sind eine Form negativer Meditation und können zu einer tiefverwurzelten unbewußten Gewohnheit werden. Man kann durch seinen eigenen Geist viele Krankheiten erzeugen, man kann sich aber durch eben diesen Geist auch selber heilen. Deshalb sollte man lernen, sich selbst ein positives Feedback zu geben: "Ich bin in Ordnung, und die Kraft des Lebens ist hier in mir. Warum also verurteile, warum beschimpfe ich mich?"

Der Geist, der die Macht hat, Schuldgefühle und viele Krankheiten zu erzeugen, hat auch die Macht zu heilen, denn er wird vollständig vom Denkprozeß kontrolliert. Lerne einfach, daß es der Geist ist, der Krankheiten verursacht, und versuche dann, sie stattdessen zu heilen.

Die Meditation hat eine sehr starke und therapeutische Wirkung. Es gibt nichts Mächtigeres als die Meditation. Ich lernte das begreifen, als ich noch ein kleiner Junge war. Ich fiel eines Tages den Abhang eines Berges herunter und verletzte mich am rechten Knie. Dort entwickelte sich ein großes Geschwür, das nicht verschwinden wollte. Einer der Swamis sagte: "Du kannst dieses Geschwür durch deinen Geist zum Verschwinden bringen."

Ich sagte: "Ich wünsche mir dieses Geschwür nicht, und trotzdem ist es immer noch da."

Er sagte: "Du wünschst dir auch nicht, ein böser Junge zu sein, und trotzdem bist du ein böser Junge. Was meinst du mit 'wünschen'? Wünschen allein hat keine Wirkung. Du wünschst dir, gut zu sein und bist es dennoch nicht. Du wünschst, daß das Geschwür verschwindet, und doch ist es immer noch da. So hat Wünschen also auf diese Dinge keinen Einfluß. Lerne zu meditieren. In der Meditation entwickelt man einen auf einen Punkt konzentrierten Geist, und das erzeugt einen dynamischen Willen. Willenskraft ist eine größere und tiefer wirkende Kraft als bloßes Wünschen."

Ich sagte zu ihm: "Du meditierst doch, und wenn du glaubst, daß dein Geist so mächtig ist, warum hilfst du mir dann nicht einfach und läßt dieses Geschwür verschwinden?"

Er stimmte zu und sagte, das werde er tun. Er sagte mir, ich solle mich zu dem und dem Zeitpunkt zur Meditation hinsetzen, und in einer Woche werde das Geschwür verschwunden sein. Er meinte: "Ich könnte das Geschwür auch jetzt gleich verschwinden lassen, aber ich möchte, daß du den Prozeß wahrnimmst und daraus lernst." In genau einer Woche war das Geschwür verschwunden. Ich konnte keine Spur mehr von ihm finden.

Wenn man lernen will, ruhig zu werden, ist das erste und wichtigste Prinzip regelmäßiges Üben, das zweite ist Geduld, das dritte aufmerksames Beobachten und das vierte die Analyse. Es ist richtig, daß man sein Inneres verstehen muß, um einen Zustand der Vollkommenheit zu erreichen, aber die Analyse allein reicht nicht aus, um seine Persönlichkeit zu verändern. Nach der Analyse braucht man die Unterscheidungsfähigkeit, die einem hilft, die richtige Entscheidung zu treffen. Man sollte niemals etwas beschließen, ohne zuvor alle Konsequenzen bedacht und die beste Alternative für seine Entwicklung gewählt zu haben. Dieses Prinzip, die beste Alternative zu wählen, wird Unterscheidungsfähigkeit genannt und ist das fünfte Prinzip bei der Entwicklung der Kontrolle über den Geist. Warum erlebt man Mißerfolge? Weil man nicht weiß, wie man zur rechten Zeit und am rechten Ort Entscheidungen fällen soll. Die Unterscheidungsfähigkeit eines Menschen führt allerdings nur dann zu einer rechtzeitigen Entscheidung, wenn auch Kraft dahinter steckt. In einem Urdu[1] -Gedicht heißt es: "Als ich jung war, hatte ich Kraft, aber ich besaß keine Weisheit. Nun, da ich alt bin, besitze ich Weisheit, aber keine Kraft." Wenn man es nicht versteht, Dinge rechtzeitig zu entscheiden, so ist das ein Mißbrauch von Kraft und Mangel an Weisheit. Man ist unfähig

1. Urdu ist eine der vielen Sprachen Indiens (Anm. d. Übers.).

zu rechtzeitigen Entscheidungen, weil man keine Entschluß-fähigkeit und keinen Willen hat, weil man nicht begreift, was es heißt, all seine Kraft auf einen einzigen Punkt zu richten. Aller Erfolg in der äußeren und inneren Welt hängt von diesen Faktoren ab. Deshalb ist es sehr wichtig, während man in seinem Lernen Schritt für Schritt vorwärts kommt, den Geist und seine Funktionsweise zu verstehen, denn er funktioniert genauso, wie man es selber will. An dem Tag, wo man das begreift und eine Wandlung des Geistes beschließt, beginnt er, sich ganz von allein zu wandeln. So muß man also noch ein weiteres Prinzip verstehen lernen: die Entschlußkraft.

Nachdem man analysiert und entschieden hat, was man tun will, sollte man sich entschließen, es auch auszuführen. Entschlußkraft ist das sechste Prinzip, aber es sollte nicht mit Starrsinn verwechselt werden. Entschlußkraft erweitert das Bewußtsein, Starrsinn engt es ein. Entschlußkraft wird langsam und allmählich durch die Willenskraft eines auf einen Punkt gerichteten Geistes aufgebaut. Willenskraft zu entwickeln ist so, als ob man ein inneres Sparkonto wachsen ließe. Genauso wie man Geld verdient, es anlegt und durch die Zinsen reich wird, so sollte man seinen Geist durch die Willenskraft, die in ihm steckt, reich werden lassen. Die Willenskraft steht einem zur Verfügung, wenn der Geist auf einen Punkt gerichtet und konzentriert ist. Je mehr man zerstreut und abgelenkt ist, desto weniger Willenskraft hat man, und ein abgelenkter Geist ist überdies eine ständige Quelle von Streß.

Es ist ganz einfach, sich auf einen Punkt zu konzentrieren und seine Entschlußkraft zu entwickeln, man braucht sich nicht hinzusetzen und zu meditieren, um das zu lernen. Man kann es bei der Erledigung seiner täglichen Aufgaben und Pflichten üben. Man muß dabei nur eines begreifen: Was immer man tut, sollte man ganz tun. Ganz gleich, was es ist, man sollte dem immer seine ganze Aufmerksamkeit widmen. Denn wenn man seine volle Aufmerksamkeit auf etwas richtet, wird man bald merken, daß man seine Konzentration bzw. seine Fähigkeit, sich auf einen Punkt zu konzentrieren, verbessert hat. Ganz gleich, wieviele *Mantras* du hast, ganz gleich, wieviele *Gurus* du in Anspruch nimmst, du wirst niemals lernen zu meditieren, wenn du einfach nur 15 Minuten in einer Ecke sitzt und dann den Rest des Tages genauso unkontrolliert zubringst wie zuvor. Wenn man etwas halbherzig tut, so bedeutet das, daß man abgelenkt ist. Wir müssen lernen, allem, was wir tun, stets unsere volle Aufmerksamkeit zu schenken. Das ist ein Zeichen für Wachstum. Wenn man mit ganzer Aufmerksamkeit bei der Sache ist, nimmt man die Qualität der eigenen Arbeit erst richtig wahr und kann sie dann später auch analysieren: "Ich habe hier viel getan, aber ich hätte noch viel mehr tun müssen, damit meine Mühe wirklich gute Früchte hätte tragen können." Alle geistigen Fähigkeiten wie z.B. die psychischen Kräfte, die Kontrolle über Geist und Willen, die Fähigkeit, Ahnungen zu haben und zur Quelle der Intuition hinabzusteigen, hängen von einer einzigen Fähigkeit ab — der Entschlußkraft. Mit dieser Kraft kann man an sich arbeiten, um sich körperliche, geistige und seelische Gesundheit zu verschaffen.

Wenn man lernt, sich selbst zu heilen und positiv zu denken, kann man weitere Fortschritte machen. Fängt man an, mit seinem Geist zu arbeiten, und gibt man ihm ein Objekt, auf das er seine Aufmerksamkeit richten soll, so wird dieses aufmerksame Sich-Richten des Geistes Konzentration genannt. Hat man gelernt, seinen Geist auf eine Sache zu konzentrieren, kann man üben, diese Fähigkeit zu erweitern, und das nennt man dann Meditation. Ohne diese Erweiterung des individuellen Bewußtseins kann der Mensch nicht wachsen, sondern bleibt in den Grenzen stecken, die er sich mit seinen kleinen Wünschen und mit seiner Beschränktheit aufgebaut hat. Erweiterung ist ein Gesetz des Lebens, und ihm zuwider zu handeln bedeutet, die eigene Unwissenheit zu vergrößern.

Nach der Analyse der Situation, der Entscheidung, was zu tun ist und dem Beschluß, das alles auch auszuführen, sollte man handeln. Wenn man so verfährt, wird man Erfolg haben; wenn man aber diesen letzten Schritt nicht tut, obwohl man genau weiß, was man zu tun und wie man vorzugehen hätte, dann hat man versagt. Wissen bedeutet, daß man weiß, was man tun muß, wie man es zu tun hat und dann rechtzeitig handelt. Es gibt im Sanskrit ein Wort, *apta,* welches soviel heißt wie: "Der, welcher tut und sagt, was immer er denkt." Denken, Sagen und Tun sind für ihn ein und dasselbe. Wenn man nicht handelt, experimentiert man nicht mit dem, was man analysiert und entschieden hat, und das bedeutet, daß man nicht genug Vertrauen hat. Wenn man aber nicht vertrauensvoll ist, kann man auch kein Selbstvertrauen entwickeln, denn Selbstvertrauen bekommt man durch Handeln. Dadurch, und nur so kann man seine eigenen Fähigkeiten einschätzen lernen.

Mit Hilfe der Meditation kann man den Teil seines Geistes kontrollieren, den man im täglichen Leben gebraucht. Wenn das Bewußtsein immer höher steigt, nimmt man eine andere Stufe des Lebens wahr, und man versteht mehr und mehr. Ein

Mensch, der nicht meditiert, weiß nicht, wie er sein Bewußtsein erweitern soll, er hat eine eingeschränkte Sicht, so wie wenn er durch ein Fenster schaut; aber wenn er lernt, sein Bewußtsein zu erweitern, so ist das, als ob er durch eine Tür geht. Es ist ganz genauso, als ob man durch das kleine Fenster eines Hauses sähe: Vom Fenster aus ist die Sicht sehr begrenzt, aber wenn man aus dem Haus herausgeht, hat man einen viel weiteren Blick. Wenn man auf das Dach steigt, kann man sogar noch besser sehen. Genauso wird in dem Maße, wie man sein Bewußtsein erweitert, die geistige Sicht klarer, und man begreift die Dinge so, wie sie sind. In *samadhi* lernt der Mensch, sein Bewußtsein zu erweitern, alle Grenzen zu überschreiten und sich mit dem kosmischen Bewußtsein zu vereinigen.

Durch regelmäßiges Üben, durch Geduld, Beobachtung, Analyse, Unterscheidungsfähigkeit, Entschlußkraft und richtiges Handeln wird der Geist konzentriert, und ein konzentrierter Geist kann sehr schön meditieren. Zuletzt erreicht man *samadhi,* jenen Zustand der Ruhe, in dem man handelt und trotzdem über den Dingen steht. Nichts kann einen berühren oder treffen. Und wenn dann das Bewußtsein die Höhe des *samadhi* erreicht hat, wächst die Weisheit mehr und mehr, bis eine vollständige Verwandlung zur Vollkommenheit stattfindet. Das ist dann der Zustand vollkommener Ruhe.

6

Gefühle

Viele Menschen bilden sich ein, den Geist und seine vielfältigen Fähigkeiten zu kennen, aber sie lassen das Gefühl außer acht. Wie kann man etwas kennen, ohne es zu fühlen? Wenn man etwas wahrnimmt, so ist das erste, dessen man inne wird, eine Empfindung. Wenn man etwas nicht fühlt, so kann man es auch nicht kennen, und wenn man die Kraft zu fühlen verliert, wird man unempfindlich. Unempfindliche Menschen, die nicht sehr gefühlvoll sind, die gelernt haben, alles rein verstandesmäßig zu betrachten, können nicht sehr schöpferisch sein. Sie sehen nicht, daß unter dem Denkprozeß verborgen die wahre Quelle der Kreativität liegt: das Gefühl.

Die richtige Anwendung des Denkens besteht darin, sich auszudrücken, aber die richtige Anwendung des Gefühls ist Kreativität. Das Gefühl ist eine sehr starke Kraft, die stärkste, die wir besitzen. Auf der Ebene der Gefühle sind alle Menschen gleich, denn dort hat der Verstand keinen Platz. Wenn man emotional wird, so findet man sich von der Vernunft verlassen und kann sich selber nicht helfen. Wenn jemand emotional erregt ist, wird er blind, verliert sein Unterscheidungsvermögen, und sein gesamtes Verhalten - Verstand, Handeln und Sprache - weicht von der sonstigen Norm ab. Mißbrauch von Gefühl ist zerstörerisch, aber das bedeutet nicht, daß die emotionale Kraft an sich zerstörerisch ist. Menschen, die sehr emotional sind, können sehr schöpferisch sein, wenn ihre Gefühle richtig gelenkt werden und wenn sie lernen, diese auf konstruktive Weise handzuhaben. Menschen, die wissen, wie sie ihre Gefühle kreativ nutzen können, werden in der äußeren Welt erfolgreich und glücklich sein.

Wird Gefühl von Hingabe geleitet, nennt man es Ekstase. Die größten Dinge auf der Welt sind von Menschen im Zustand der Ekstase vollbracht worden. Dies ist das Werk des Gefühls, nicht des Verstandes. Der Tummelplatz des Intellekts bietet keine Hilfe, wenn man sein Inneres kennenlernen möchte. Obgleich der Verstand ein sehr wesentliches und mächtiges Werkzeug ist, so enthält er doch nichts Neues oder Originelles. Er kann nur insoweit dienen, wie die Welt der Fakten betroffen ist. Schöpferkraft und Entdeckung liegen jenseits des Verstandes. Das Gefühl ist die Brücke zwischen Bewußtsein und schöpferischem Gedanken. Deshalb sollte man lernen, die Kraft des Gefühls zu nutzen und über die Begrenzungen des verstandesmäßigen Denkens hinauszugehen.

Unter den vielerlei Funktionen des Geistes scheint der Intellekt die feinste zu sein; ohne die Hilfe emotionaler Kräfte jedoch ist der Intellekt wie ein Lahmer, der nicht dorthin gelangen kann, wo er hin möchte. Auch der Intellektuellste kann plötzlich von emotionalen Ausbrüchen aus der Fassung gebracht werden. Der untrainierte Intellekt hat keine Kraft, Gefühle in Schach zu halten. Wer die äußere Welt erforscht hat, findet schließlich, daß es noch etwas darüber hinaus zu wissen und zu entdecken gibt. Er wendet sich daraufhin nach innen und beginnt, die Zustände seines Innern verstehen zu lernen. Um das tun zu können, muß er zunächst üben, seinen Geist auf einen Punkt zu richten; dann wird er erkennen, daß die Ebene des Gefühls tiefer liegt als die Ebene des Denkens. Der so nach innen und auf einen Punkt gerichtete Geist verirrt sich jedoch ohne die Hilfe der Gefühlskraft und sieht sich unfähig, die tieferen und feineren Ebenen inneren Lebens zu ergründen und zu erfassen. So kann man also nicht seine gesamte Persönlichkeit allein mit den Mitteln des Denkens verstehen, sondern nur, wenn man auch die Kraft seiner Gefühle kennt.

Das Gefühl ist eine große Kraft, aber es bedarf der bewußten Steuerung durch den Willen, sonst verwirrt es unseren Geist. Unser Gefühl ist wie ein Fisch im See des Lebens. Wenn der See in Aufruhr gerät, ist es für den Fisch unmöglich, still und ruhig zu bleiben. Genauso können die Gefühle niemals zur Ruhe kommen, und man kann nie auf die rechte Weise mit ihnen umgehen, wenn der Geist in beständiger Unruhe ist. Geist und Gefühl hängen sehr eng zusammen, doch in ihren Funktionen sind sie verschieden. Im Sanskrit wird der Geist *manas* genannt und das Gefühl *bhava*. Wir wollen nun über den Ursprung der Gefühle sprechen und sehen, wie wir das beste aus dieser Kraft machen können.

Es ist *kama,* das Grundverlangen, das den See des Lebens in Aufruhr versetzt. *Kama* ist die Mutter aller Gefühle. Da das Verlangen an sich schon mit Egoismus verbunden ist, motiviert *kama* einen Menschen nicht, andern zu dienen und für sie da zu sein, sondern es kontrolliert sein Leben und macht ihn selbstsüchtig und egozentrisch. *Kama* baut eine Mauer um den Menschen und isoliert ihn vom Ganzen. Je mehr jemand von diesem Verlangen, *kama,* hat, desto mehr engt es seine Persönlichkeit ein und hindert ihn daran, die Grenzen seines Bewußtseins zu erweitern.

So ist also das Verlangen und Wünschen eines Menschen der Grundfaktor all seiner Motivationen, und seine Handlungen spiegeln die Richtung seiner Wünsche. Wenn sich jemand einen Wunsch erfüllen will, so denkt er nach, kommt zu einem Beschluß und handelt dann entsprechend. Im Bewußtsein und im Unterbewußtsein gibt es eine Vielzahl von Wünschen—aktive, passive, positive, negative—und sie steigen herauf an die Oberfläche und stören den Denkprozeß. So wichtig es aber ist, den Denkprozeß zu verstehen, so ist es doch noch wichtiger, die Gefühle zu verstehen, die das Denken durcheinanderbringen können. Man kann sein Inneres leicht begreifen, wenn man herausfindet, welche Art von Wünschen man hat.

Alle Wünsche entspringen vier Grundtrieben. Diese sind: Selbsterhaltungstrieb, Schlafbedürfnis, Verlangen nach Nahrung und Sexualtrieb. Soweit es um diese Dinge geht, sind Menschen und Tiere gleich. Ein Mensch schläft, ißt, folgt seinem Geschlechtstrieb und ist immer auf seine Selbsterhaltung bedacht. Genauso ist das bei den Tieren. Der Unterschied ist, daß im Reich der Tiere alle Handlungen von der Natur kontrolliert und bestimmt werden, während die Menschen die Willenskraft besitzen, diese vier Triebe in Schach zu halten und schließlich zu kontrollieren, weshalb sie allen anderen Lebewesen auf der Welt überlegen sind.

Der stärkste dieser vier Grundtriebe ist der Selbsterhaltungstrieb. Die Menschen versuchen immer, sich zu schützen, sie haben Angst, weil sie nicht sterben wollen. Bei Katastrophen, wie z.B. einem Erdbeben, habe ich sogar Mütter ihre noch sehr kleinen Kinder verlassen und weglaufen sehen: Sie suchten sich zu schützen aufgrund ihres übermächtig starken Wunsches zu leben. Die größte Angst ist die Angst vor dem Tod; sie ist etwas, das uns immer verfolgt. "Was wird mit mir geschehen, wenn ich sterbe oder wenn meine Frau stirbt?" Die meisten Menschen fühlen sich immer unsicher aufgrund dieser Angst, aber Sterben ist ein natürlicher Vorgang, und alle Beziehungen sind deshalb vorläufig. Dies ist die Wahrheit; und wenn einen die Wahrheit unsicher macht, so ist man niemals sicher, wohin man auch geht. Nichts kann einen sicher machen, wenn es die Wahrheit nicht kann, aber die Wahrheit ist, daß es nirgendwo Sicherheit gibt. Es ist besser, mit der Wahrheit der Unsicherheit zu leben, denn Unsicherheit, die aus der Wahrheit kommt, ist gut, und man wird sich am Ende an ihr erfreuen.

Während alle großen Menschen einen Zustand der Furchtlosigkeit erreicht haben, leben die meisten andern beständig unter dem Druck der Angst. Alle Ängste sind selbstgeschaffen; sie kommen aus dem Wunsch, etwas zu erlangen, das zu gewinnen man nicht ganz zureichend ausgerüstet ist. Ängste entwickeln sich im Geist, und wenn sie nicht untersucht und verstanden werden, wachsen sie. Wenn man all seine Ängste in sich verschließt, wird man neurotisch. Die Hauptwurzel aller Gefahren ist die Angst, und die Gewohnheit, Angst zu haben, beschwört die Gefahr erst recht eigentlich herauf. Ich hatte einmal ein Erlebnis, das diesen Punkt illustriert:

Jeden Tag, bevor der Morgen heraufdämmerte, pflegte ich am Ufer des Ganges zu sitzen. Wenn die Sonne aufging, stand ich auf und setzte mich dann wieder hin. Eines Morgens, als ich mich gerade wieder hingesetzt hatte, rief jemand: “Bewege dich ja nicht! Zu deinen Füßen liegt eine Schlange!” Kaum hatte ich das gehört, sprang ich auf und rannte davon. Da begann die Schlange mich zu verfolgen! Sie verfolgte mich etwa 50 Meter weit.

Später ging ich zu einem der *Swamis* und sagte: “Dieser Platz ist sehr gefährlich. Es gibt dort Schlangen, die einen verfolgen.”

Er aber antwortete: “Nein. Dein Geist war es, der die Schlange verfolgt hat, und in Wahrheit warst du es, der sie hinter sich her zog. Dein Geist war negativ konzentriert anstatt positiv.”

Immer wenn man Angst hat, beschwört man Gefahr herauf, indem man sie sich in seinem Geist vorstellt und sich dann auf sie vorbereitet. Wenn man das tut, konzentriert man seinen Geist in negativer Weise auf einen Punkt, und so verliert man die Kontrolle über seine Angst. Wenn man seinen Geist untersucht, lernt man die positiven und negativen Aspekte kennen, die er enthält. Der negativ konzentrierte Geist hat ebensoviel Macht, zerstörerisch zu wirken, wie der positiv konzentrierte Geist Macht hat, nützlich zu sein. Deshalb werden Ängste, denen man nicht auf den Grund geht, von Tag zu Tag stärker, bis man am Ende sein Selbstvertrauen verliert.

Man kann es lernen, keine Angst zu haben, aber um Furchtlosigkeit zu entwickeln, braucht man innere Kraft, denn Wahrheit und Furchtlosigkeit gehen Hand in Hand. Wenn man den Zustand der Furchtlosigkeit erreichen möchte, muß man zunächst das Wesen und den Grund seiner Ängste erforschen. Und um seine Ängste ganz genau untersuchen zu können, muß man über die Grenzen des Denkens hinausgehen. Wenn man das tut, wird man herausfinden, daß die größte Angst die vor der Angst selber ist. Aber in Wirklichkeit existiert Angst überhaupt gar nicht! Sie ist wie die Dunkelheit, welche in Wahrheit nur die Abwesenheit von Licht ist. Die Sonne kennt keine Dunkelheit, Es steht vielmehr derjenige im Dunkeln, der nichts sieht. So sollte man also lernen, seinen Ängsten ins Gesicht zu sehen und sie genau zu untersuchen.

Genauso wie Angst eine Störung des Zusammenspiels zwischen Geist, Körper und den Sinnen verursachen kann, so auch Unregelmäßigkeiten des Schlafs, unseres zweiten Grundtriebes. Schlaf ist für jedermann, sei er reich oder arm, eine tägliche Notwendigkeit, und jeder schläft immer wieder, sein ganzes Leben hindurch. Aber die Menschen wissen nicht, warum sie schlafen, und nur wenige untersuchen, was das eigentlich ist. Der Schlaf ist ein großer Friedensstifter, ein Zustand, in dem wir ausruhen und uns für jeden Tag wiederherstellen. Er ist sehr wichtig. Wenn man schlecht schläft, wird man leicht gereizt, das Nervensystem ist angespannt, und man kann nicht besonders gut arbeiten. Wenn man nicht richtig schläft, steckt man voller Ängste und sieht in jedermann seinen Feind. Wenn man die Ruhe nicht bekommt, die der Schlaf verschafft, wird man jeden Tag in entsprechend schlechter Stimmung verharren und kann sogar krank werden. Man ist dann nicht in der Lage, sein Gleichgewicht aufrecht zu erhalten.

Es ist sehr ungesund, sich schlafen zu legen, wenn man erregt ist oder verdrießliche Gespräche geführt hat, denn ein solcher Schlaf kann nicht erfrischen. Man sollte spazierengehen, lesen oder versuchen, seine Streitigkeiten irgendwie beizulegen und Lösungen für seine Probleme zu finden, bevor man zu Bett geht. Oder man sollte meditieren oder beten. Der Geist sollte frei sein von Konfliktgedanken, wenn man schlafen geht. Nimmt man viele ungelöste Probleme mit ins Bett, wird man prompt von schlechten, nervenaufreibenden Träumen heimgesucht. Ruheloser Schlaf und Träume voller unangenehmer Erlebnisse sind nicht gesund.

Von allen Freuden der Welt ist Schlaf die schönste. Zwei Menschen lieben und vereinigen sich und denken, das sei ihre größte Freude. Aber was machen sie dann? Sie schlafen. Schlaf ist ein Zustand höherer Freude, aber die Menschen wissen nicht, wie man schlafen soll. Bei normalem Schlaf versetzt jedes etwas lautere Geräusch dem Schlafmuster einen Stoß und stört den Schläfer. Es gibt jedoch eine sehr gute Technik, mit der man das vermeiden kann. Sie wird Yoga-Schlaf gennant. Das ist ein Schlaf aus vollem Willen, und ganz gleich, wieviele Trommeln man neben einer Person schlägt, die im Yoga-Schlaf liegt: Sie wird nicht erwachen. Niemand kann diesen Menschen aufwekken, nur er selbst kann das tun.

Es ist ein Mythos, daß man täglich acht Stunden Schlaf braucht. Eine Durchschnittsperson, die hart arbeitet, kann ihren Schlaf beschränken auf drei bis vier Stunden pro Tag. Diese Stunden müssen jedoch im Tiefschlaf verbracht werden, nicht mit Träumen, Denken oder Wachliegen. Acht oder zehn Stunden zu schlafen ist eine schlechte Angewohnheit. Dabei wird viel Zeit verschwendet, und es gibt doch so vieles zu tun, wovon das Beste und Schönste die Meditation ist. Wenn man für den nächsten Tag planen muß und einen Zustand der Ruhe erreichen will, warum sollte man da seine Zeit in unruhigem, ständig gestörtem Schlaf verschwenden?

Für den modernen Menschen ist eine der schönsten Gesundheitsregeln sehr schwer einzuhalten, nämlich früh am Morgen aufzuwachen. Nehmen Sie irgendeinen beliebigen Gedichtband von heute zur Hand: kein einziges Gedicht über die aufgehende Sonne findet sich darin. So als ob in den letzten 50 Jahren kein einziger Dichter rechtzeitig aufgewacht wäre, um über den Aufgang der Sonne zu schreiben. Wer spricht nach Shakespeare, Shelly und Keats über die Morgensonne? Jüngere Dichter sprechen nie von der Morgendämmerung. Stattdessen erzählen sie, wie wundervoll die Abendwolken sind—Sonnenuntergang, Abendtänze, Abendmusik—alles ist Abend und nichts ist Morgen. Man sollte lernen, früh am Morgen aufzustehen und sich aus seinem Bett zu erheben, bevor die Sonne aufgeht.

In bestimmten Augenblicken am frühen Morgen haben die ultravioletten Strahlen der Sonne besondere Eigenschaften, die sehr hilfreich für die Haut sind. Es gibt Hautkrankheiten, die nicht durch Medikamente, wohl aber durch Sonnenstrahlen geheilt werden können. So ist es also sehr wichtig, früh morgens aufzuwachen und vor Sonnenaufgang Übungen zu machen. Wenn man die Gewohnheit hat, zu lange zu schlafen, ist man von einer Schläfrigkeit erfüllt, die man auch Faulheit oder Trägheit nennt. Indem man sich selbst auf diese Weise faul macht, schafft man sich viel Unglück.

Der dritte Grundtrieb und somit Quelle für Gefühle ist das Verlangen nach Nahrung, und falsche Eßgewohnheiten können gefühlsmäßig erregen und körperlich krank machen. Das erste, was ein Lehrer seinem Schüler beibringen wird, ist die Kontrolle über den Gaumen; man sollte bei dem, was man ißt, auf den Nährwert achten, nicht auf den Geschmack. In seinen Anweisungen gebraucht der Lehrer eine bittere Pille mit einem segensreichen Effekt, aber die Welt benutzt eine süße Pille mit einem Gift-Effekt. Die Eßgewohnheiten eines Menschen können ihn emotional erregen, unsicher und krank machen, aber wenn man richtig ißt, kann man das vermeiden. Wenn Essen zur Obsession wird, wenn man an nichts anderes denken kann als ans Essen, so kann das viele Ursachen haben. Manchmal werden Menschen, die nicht die Nahrung zu sich nehmen, die ihr Körper braucht, emotional gestört und denken immerzu ans Essen. Aber vielleicht kompensiert man auch mit seinem Zuvielessen ein Problem, das man mit einem der anderen Grundtriebe hat. Manche Menschen werden "eßsüchtig"—sie essen fortwährend. Aber das ist gefährlich, denn man kann seine Nahrung ja gar nicht ordentlich verdauen, wenn man seinem Verdauungssystem nie die Gelegenheit gibt, sich auszuruhen. Man sollte bei seiner Ernährungsweise die eigenen Möglichkeiten berücksichtigen und sich so verhalten, wie es zur Erfüllung des eigentlichen Lebenszweckes sinnvoll ist und auch so, daß man sich dabei seine Fröhlichkeit erhält.

Genauso wie man seine Ernährung regeln sollte, so sollte man das auch mit der Sexualität tun, dem vierten Grundtrieb. Man sollte hier weder übertreiben noch unterdrücken, denn beides kann viele Krankheiten nervöser oder seelischer Art hervorrufen. Die Sexualität ist der schwächste Grundtrieb; es ist der einzige, auf dessen Befriedigung wir verzichten können. Zweifellos ist die Sexualität ein sehr mächtiger Trieb, aber er ist nicht der wichtigste. Er erscheint uns oft so wichtig, weil er stärker als die drei andern Triebe mit dem Geist verbunden ist. Er ist auch verknüpft mit unseren Beziehungen zu andern Menschen. Sexuelle Aktivität braucht emotionale Kontrolle. Man sollte sich bewußt und unbewußt darauf vorbereiten, sexuell aktiv zu werden. Man sollte einen festen Tag und eine feste Stunde dafür bestimmen. Wenn man seine Sexualgewohnheiten regelt, wird der Geist nicht immer wieder durch sexuelle Gedanken abgelenkt.

Sexuelle Obsession und Frustration sind gleicherweise schädlich. Wenn man sich sexuell unterdrückt oder wenn jemandes Sexualleben nicht glücklich ist, wird sich diese Frustration in Handlungen äußern, die mit den andern Grundtrieben zu tun haben und kann z.B. dazu führen, daß man zuviel ißt. Man sollte seine Wünsche analysieren und seine Gewohnheiten seinen Fähigkeiten und dem Sinn des Lebens entsprechend regeln.

Wenn diese vier Grundtriebe beherrscht werden, können sie die Quelle einer soliden Gesundheit und eines langen Lebens sein, und schließlich wird man fähig werden, sein Denken und all seine Gefühle zu kontrollieren. Geschieht das nicht, werden sie zu einer Quelle vieler Probleme und Krankheiten.

Man sollte lernen, friedlich zu sein, wenn man schlafen geht, fröhlich, während man ißt und sich voll unter Kontrolle zu haben, wenn man sexuell aktiv ist. Andernfalls schafft man sich Probleme für seinen Geist. Jeder, der sich seines Lebens freuen möchte, kann das besser, wenn er seine Triebe unter Kontrolle hat. Hat jemand emotionale Probleme, so macht er irgendwo einen Fehler in der Beherrschung seiner Triebe, denn aus ihnen entstehen alle Probleme. Es ist nicht schwer, die Ursache aller

Probleme zu verstehen, wenn wir lernen, die vier Grundtriebe zu beobachten. Die Menschen, die ihren Umgang mit den vier Grundtrieben geregelt haben, besitzen die Kontrolle über ihre Gefühle und also emotionale Reife. Sie haben Erfolg in der Welt, können sich selbst erleuchten und das Ziel des Lebens, die Selbstvervollkommnung,[1] erreichen.

Man sollte seine Grenzen beachten lernen und Extreme und Übertreibungen vermeiden. Menschen, die übertreiben, sind nicht in der Lage, ihr Verlangen nach Nahrung, Schlaf und Sex zu beherrschen. Wer aber mit diesen Trieben geregelt umzugehen versteht, wird mit Sicherheit ein gesundes Leben führen. Eine geregelte Ordnung hilft dem Körper und bringt ihn in Harmonie mit den Naturgesetzen. Ordnung bedeutet nicht Verzicht; sie bedeutet Ausgewogenheit, gegründet auf die Prüfung der eigenen Fähigkeiten. Zuviel oder zu wenig zu schlafen, dem Sex allzusehr zu frönen oder die Sexualität zu unterdrücken, sich zu überessen oder zu sehr zu fasten, all das schadet der Gesundheit. Es kann dem Organ-System eines Menschen schaden und den Sinn seines Lebens insgesamt beeinträchtigen. Es schwächt den Geist, verursacht Schuldgefühle und läßt einen das Vertrauen verlieren. Wenn wir die Gefühle untersuchen, erkennen wir, daß es sieben Hauptströme negativer Gefühle gibt, die aus den vier Grundtrieben herrühren. Das Grundverlangen oder *kama,* von dem wir schon gesprochen haben, ist der erste dieser Ströme und Mutter aller anderen.

Wut ist der zweite Strom negativer Gefühle, die den vier

1. Erkenntnis des eigenen wahren Selbst und damit Erreichen der höchsten Bewußtseinsstufe (Anm. d. Übers.).

Grundtrieben entspringen. Sie ist Ausdruck der Frustration eines Verlangens, das an seiner Befriedigung gehindert wird. Daran sollte man sich zu erinnern suchen, wann immer man wütend wird, und wissen, daß Wut etwas anderes ist, als uns moderne Therapeuten einreden wollen. Sie sagen: "Nur zu, machen Sie Ihren Aggressionen Luft, lassen Sie Ihre Wut heraus." Es ist richtig, daß es sich an einer andern Stelle und in anderer Weise verheerend auswirken kann, wenn man keine Möglichkeit hat, seine Wut auszudrücken; so mag man sie also für den Moment um seiner Gesundheit willen herauslassen. Wenn man wütend ist, wird jedoch das Nervensystem aktiviert, und in einem Wutausbruch kann ein Mensch anfangen, sich plötzlich wie ein wildes Tier zu gebärden. Wenn man nun aber bei jedem Anlaß wütend werden müßte, würde man diese Wut auch immer ausdrücken wollen, und das nähme kein Ende. Man würde eine sehr schlechte Gewohnheit entwickeln. Wut ist ein so blindes Gefühl, daß man auf seinem Gipfel Selbstmord oder einen Mord begehen kann. Wenn es einem erlaubt würde, all seine Wut herauszulassen, befände man sich innerhalb eines Tages hinter Gittern. Alle negativen Gefühle sind blind, aber die Wut ist das gefährlichste von allen.

Deshalb ist es sehr wichtig zu wissen, wie man sich darin üben kann, nicht wütend zu werden. Dies kann man sehr wohl zustandebringen, und zwar indem man lernt, seine Wünsche zu kontrollieren. Man sollte entscheiden, welche Wünsche das eigene Wachstum fördern und welche ihm Hindernisse in den Weg legen. Dabei kann es von ganz entscheidender Hilfe sein, wenn man sein Unterscheidungsvermögen (*buddhi*) trainiert. Hat man diese Fähigkeit jedoch nicht entwickelt und wird wütend, so kann man sich zunächst einmal hinsetzen, den Grund seiner Wut analysieren, auch untersuchen, welche Wünsche nicht erfüllt wurden und so die Ursache seiner Frustration und seiner Wut herausfinden.

Der dritte Strom negativer Gefühle, welche der Entwicklung eines Menschen schaden, entsteht dann, wenn sein Verlangen befriedigt wurde und er stolz und hochmütig wird. "Ich habe mir meine Wünsche erfüllen können, während andere das nicht fertiggebracht haben. Seht mich an, was für ein großartiger Mensch ich doch bin." Stolz und Hochmut entstehen dann, wenn jemand etwas hat, was andere nicht haben, und er ständig in diesem Bewußtsein lebt.

Das vierte negative Gefühl stellt sich ein, wenn eine andere Person das bekommt, was man sich selbst gewünscht hat und man selber geht leer aus. Das nennt man Neid. Man mag vielleicht etwas besitzen, aber ein anderer besitzt etwas Wertvolleres. Man sieht sich außerstande, die eigenen Wünsche zu befriedigen, während die andere Person die ihren erfüllen kann. Wenn ein Mensch neidisch ist, verurteilt er sich selbst um seiner Unfähigkeit willen. Er hat die Schlacht verloren und die Niederlage akzeptiert.

Das fünfte negative Gefühlt kommt auf, wenn man etwas hat, woran man schließlich so sehr hängt, daß man sich damit identifiziert. Man sieht dann die wahre Natur des Identifikationsobjektes nicht—daß es verfallen, vergehen, sterben muß. Dies nimmt man nicht wahr, wenn man so tief verhaftet ist. Ein Mann hat z.B. eine Frau, und solange sie alle seine Wünsche erfüllt, ist er zufrieden mit ihr. In dem Augenblick aber, wo sie ihre Schönheit verliert, wird er unwillig. Dies nennt man

Verhaftetsein oder Festhaltenwollen. Heutzutage scheinen die Menschen den Unterschied zwischen Festhaltenwollen und Liebe nicht zu kennen. Festhaltenwollen ist egoistisch; Liebe ist selbstlos. Festhaltenwollen führt zu Knechtschaft; Liebe macht frei. Festhalten macht das Bewußtsein eng; die Liebe macht es weit. Festhaltenwollen wird zur Quelle von Qual; Liebe wird zur Quelle der Befreiung.

Wenn zwei Menschen einander begegnen, sollten sie in großer Freiheit und Freude zusammenkommen, nicht in Knechtschaft und Abhängigkeit. Aus Abhängigkeit entsteht Elend, weil in einer solchen Beziehung die Menschen einander nicht geben. Das größte Chaos entsteht, wenn zwei Menschen behaupten, einander zu lieben, in Wirklichkeit aber von einander abhängig sind und sich gegenseitig festhalten wollen. Eine solche Beziehung, die auf gegenseitige Erwartungen aufgebaut ist, kann nur Elend und Unglück bringen. Wenn man wirklich lernt, jemanden zu lieben, so wird man in allem, was man tut, selbstlos und spontan sein, denn Liebe ist die Art Beziehung, in der man Freude am Geben hat und dafür nichts zurück erwartet. Das ist der Weg zur Freiheit.

Das sechste negative Gefühlt kommt aus dem Fixiertsein auf Dinge. Es flüstert einem ein, immer mehr und mehr zu wollen. Es ist ein perverses, durch unsere Kultur begünstigtes Verlangen, das durch Konkurrenz und Unsicherheit entsteht. Es macht uns eng, egoistisch, ichzentriert und kleinlich. Wir nennen es Gier. Gierige Menschen sind nicht bereit, etwas, woran sie hängen, mit anderen zu teilen, sie wollen es für sich bewahren.

Das siebte negative Gefühl ist das letzte und stärkste. Es ist die Art Selbstgefälligkeit, die einen Menschen dazu führt, sich von der Gesamtheit alles Seins und aller Wesen zu trennen, indem er sich mit anderen vergleicht. Ich habe Angst, daß jemand anderes besser sein könnte als ich selbst. Oft werden Menschen dünkelhaft, welche nichts haben oder darstellen, um so ihre Minderwertigkeitskomplexe zu kompensieren.

Untersucht man diese sieben Gefühlsströme—Grundverlangen, Wut, Stolz, Festhaltenwollen, Gier, Eifersucht und Eigendünkel—so kann man sich selbst analysieren. Wenn man sich bewußt macht, wie man denkt, spricht und handelt, kann man herausfinden, welchen emotionalen Reifegrad man erreicht hat. Kontrolle ist immer Gefühlskontrolle. Werden die Gefühle nicht kontrolliert, so gibt es überhaupt keine Kontrolle. Kontrolle bedeutet nicht die Unterdrückung allen Ausdrucks; sie bedeutet Regulierung und Ausgewogenheit im Rahmen der eigenen Fähigkeiten. Mit Hilfe von Vernunft und Beobachtung kann man sich aus dem Wirbel der Gefühle heraushalten.

Man sollte lernen, emotional so reif zu werden, daß man seine Gefühle positiv nutzen kann. Positive Gefühle führen zu Selbstvertrauen und Selbstbewußtsein und regen den Geist, das Handeln und Sprechen auf fröhliche und schöpferische Weise an. Selbstlose Liebe ist das höchste positive Gefühl und kann zu tiefer Frömmigkeit und Hingabe führen. Wenn man einen andern Menschen liebt, so möchte man ihm geben und für ihn dasein. Man ist bereit, diesem Menschen alles zu geben, was man hat. Solche Freude ist ein positives Gefühl und hilft dabei, schöpferisch zu sein und Erfolg im Leben zu haben. Es führt zu Frieden, Ruhe und innerem Gleichgewicht. Positive Gefühle sind sehr hilfreich, wenn man aus eigener Kraft zu wachsen versucht. Diese Kraft hat ihre Wurzeln im selbstlosen Dienst und selbstloser Liebe für andere. So wird das menschliche Bewußtsein erweitert. Wenn der Geist des Analysierens und Suchens nach einer Antwort auf bestimmte Probleme müde wird, können ihm positive Gefühle dabei helfen, eine Lösung zu finden. Die "Insider" unter den Menschen, die den Wert des Lebens kennen mit seinen Strömungen und Gegenströmungen, wissen, daß die innere Welt viel zu bieten hat; und je tiefer sie in die Ebenen ihres Inneren eindringen, desto mehr werden sie ihre menschlichen Möglichkeiten und Fähigkeiten gewahr. Wenn die vier Grundtriebe reguliert und die sieben Gefühlsströme unter Kontrolle gebracht sind, dann kommen die positiven Gefühle zum Vorschein. Wer danach strebt, kann dann den besten Gebrauch von der Kraft machen, welche die höchste aller menschlichen Kräfte ist, und die höchste Weisheit erlangen. Man sollte lernen, emotional so reif zu werden, daß man seine Gefühle positiv zu nutzen in der Lage ist.

Wenn man auf der Ebene seiner Triebe und Wünsche Selbstbeherrschung erlangt hat, kann man zu einem Verständnis seines inneren Wesens kommen. Dabei wird einem klar, was das eigentlich ist, was wir Gewissen nennen, und wenn man sein Gewissen versteht, sieht man, daß es wie ein Spiegel ist, der niemals lügen kann. Wenn man seinem Gewissen sagt: "Ich bin ein Lügner, aber du sollst sagen, daß ich kein Lügner bin", so kann das Gewissen dies nicht tun. Wenn man sein Gesicht anmalt, so zeigt einem der Spiegel immer, welche Farbe es hat. Selbst wenn einem die ganze Welt sagt, daß man ein wundervoller Mensch sei, so weiß es doch das eigene Gewissen, wenn man ein Schwindler ist; und ganz gleich, wie sehr man es anfleht, doch zu lügen, das Gewissen sagt einem immer die Wahrheit.

Der moderne Mensch versucht, sein Gewissen zu töten. Er verläßt sich auf das, was die andern ihm über sich erzählen und hat Angst davor, sich so zu sehen, wie er wirklich ist. Das kommt daher, daß man beim Kennen- und Verstehenlernen seines Innern zunächst einmal mit dem Teil seiner Persönlichkeit in Berührung kommt, den man verurteilt hat, und dann identifiziert man sich mit diesen negativen Gedanken.

Derart negatives Denken ist eine beständige Quelle von Krankheit. Sich selbst zu verurteilen und dauernd zu sagen: "Es tut mir leid", schafft eine erbärmliche Persönlichkeit und führt zu einem bejammernswerten Gesundheitszustand. Gerade dann, wenn man sich schlecht und erbärmlich fühlt, sollte man sein inneres Potential erkennen und schätzen lernen. Ein Mensch kann durch seine inneren und äußeren Konflikte so weit geschwächt werden, daß er unfähig wird, sich an seinen guten Eigenschaften zu freuen.

Man sollte sich niemals wegen bestimmter Gedanken verurteilen. Wenn man denkt, daß man jemanden töten möchte, so sollte man sich klar machen, daß man ja nicht wirklich jemanden tötet, sondern nur einen Gedanken hegt, den man vorübergehen lassen kann. Man sollte sich nicht mit seinen Gedanken identifizieren. Niemand ist ein Verbrecher, weil er schlechte Gedanken hat. Er wird zum Verbrecher, wenn er sich mit diesen Gedanken identifiziert und entsprechend zu handeln beginnt—aber nicht vorher. Wenn man die Gedanken vorübergehen läßt, sind sie fort. So ist also das, weswegen man sich verurteilt, in Wirklichkeit nichts. Es gibt keinen anderen Weg, Selbstverurteilung zu überwinden, außer sich auf seinen inneren Spiegel zu verlassen, den wir Gewissen nennen. Gegen sein

Gewissen anzugehen, kommt Selbstmord gleich.

Es gibt kein einziges Gefühl, das nicht mit irgend etwas anderem zusammenhängt. Immer ist irgendein äußeres Objekt darein verwickelt. Nicht ein einziges Gefühl kommt nur aus einem selbst. Nimmt man etwas wahr, so führt diese Wahrnehmung schließlich zu einem Gefühl. Gefühl bedeutet Beziehung, und Beziehung bedeutet Leben. Solange wir nicht am Leben teilhaben, werden wir alle einsam bleiben. Einsamkeit ist die Grundursache für viele, viele Krankheiten. In gewisser Weise ist jeder einsam. Obgleich die Menschen einander bewundern und schmeicheln, behaupten, wie sehr sie einander lieben und geliebt werden, sind sie doch in Wirklichkeit sehr einsam. Wenn man diese Einsamkeit analysierte, fände man etwas Erstaunliches. Man fände heraus, daß einen die Menschen einsam machen, die einen lieben. Kein Fremder hat diese Macht. Die Einsamkeit, die jemand empfindet, bedeutet, daß er seine Gefühle nicht unter Kontrolle hat, daß etwas mit seinen Beziehungen nicht in Ordnung ist. Man sollte lernen, stark zu sein. Stark zu sein bedeutet, daß man sich nicht beeinflussen läßt durch die Ratschläge und Einflüsterungen anderer, insbesondere nicht durch ihre negativen Eingebungen. Positive Ratschläge werden Teil des Lernens, negative aber werden Teil von Selbstzerstörung.

Man kann jedes emotionale Problem, das man hat, analysieren, aber das allein genügt noch nicht, um seine Persönlichkeit zu verändern, wenn man dabei nicht auch an sich arbeitet. Seinem Gewissen zu folgen, wird einem dabei helfen, sich selbst zu schätzen und einen davon abhalten, sich weiterhin Schaden zuzufügen. Das ist schon einmal ein guter Anfang, aber das wird die schlechten Gewohnheiten nicht zum Verschwinden bringen, die man bisher entwickelt hat. Also braucht man ein Selbsterziehungsprogramm, um sich zu verändern. Setzt man sich einem solchen Training nicht aus, so mag man vielleicht seine Probleme kennenlernen, wird sie aber nicht loswerden können. Wenn man z.B. weiß, daß man an einem ganz bestimmten Punkt Schmerzen hat, so hilft einem dieses Wissen nicht sehr viel weiter. Man muß lernen, die Schmerzen zu beseitigen. Jeder Mensch trägt die Fähigkeit dazu bereits in sich und muß lediglich lernen, die Wirklichkeit in seinem Innern wahrzunehmen und mit den Kräften in sich in Berührung zu kommen, die ihn zu immerwährendem Glück führen werden.

7

Selbsterziehung

Jeder Mensch wünscht sich einen Glückszustand, in dem er frei ist von allen Schmerzen und Ängsten. Einen solchen Zustand zu erreichen ist möglich, wenn man eine Methode zur Selbsterziehung anwendet. Die alten Meister haben solch ein Programm in den klassischen Yoga-Schriften beschrieben, und es zeigt uns einen Weg, wie wir auf allen Ebenen und in jeder Hinsicht gesund werden können. Wenn man diesem Programm folgt, lernt man durch direkte eigene Erfahrung, und sie allein hat Wert für uns, da sie durch niemandes Einspruch erschüttert werden kann. Die meisten Menschen lassen sich durch die Meinung anderer beeinflussen und ergreifen kaum einmal die Gelegenheit, sich selbst ein Urteil zu bilden. Die Einflüsterungen und Ratschläge anderer sind zur Basis unseres modernen Lebens geworden, und nur wenige von uns ziehen ihre Schlüsse aus direkter Erfahrung. Ohne eigene Erfahrung jedoch bleiben die Informationen, die wir von außen her bekommen, immer fragwürdig. Deshalb brauchen die Menschen von heute auch dauernd Bestätigung. Selbst in unseren engsten Beziehungen zu Hause und in der Familie erwarten wir, daß es uns die anderen sagen, wenn sie dieses oder jenes gut finden, was wir tun. "Du siehst gut aus. Du hast aber hübsche Kleider an. Deine Art zu sprechen ist sehr angenehm." Solche Sätze zeigen, daß der Mensch von heute ständig nach Bestätigung und Wertschätzung durch andere sucht, weil er für sich allein nicht sicher ist, ob das, was er tut, gut ist. Wenn man jedoch eigene Erfahrungen gemacht hat, ist man sich seiner Handlungen sicher. Die unmittelbare eigene Erfahrung braucht keinerlei Beweis, der ihre Gültigkeit bestätigt. Wenn man die überzeugende Kraft der eigenen Erfahrung in sich hat, können einen äußere Mächte und Faktoren niemals beeinflussen, ganz gleich, wie stark sie sind. Die Ratschläge und Meinungen anderer werden einen dann nicht aus dem Konzept bringen, denn etwas bloß zur Kenntnis zu nehmen, ist noch kein wahres Wissen. Wahres Wissen erlangt man nur dann, wenn man beginnt, Erfahrungen zu machen. Deshalb ist man auch in dem Programm, das die alten Meister beschrieben haben, letztlich selbst sein eigenes Textbuch: man vergleicht seine eigenen Erfahrungen mit denen der Weisen und überprüft so die Theorien, die sie aufstellten.

Sich selbst zu erziehen, um zu selbsterworbenem Wissen zu gelangen, funktioniert nur mit Hilfe von Erfahrungen, und wenngleich das ein sehr subtiler Prozeß ist, so kann er einen doch zur feinstmöglichen Ebene des Verstehens führen. Selbsterziehung ist die beste aller Therapien. Da wir Menschen sind, brauchen wir sie alle, weil wir nicht wissen, was für Situationen die Zukunft für uns bereithalten mag, und wir sollten gut ausgerüstet sein, um in ihnen zu bestehen, was immer sie auch bringen mögen. In einem Selbsttrainingsprogramm trainiert man sich selbst. Man ist sein eigener Lehrer und sein eigener Schüler. Man spielt beide Rollen. Wenn der Schüler sehr gewissenhaft und der Lehrer sehr aufrichtig ist, dann können sie beide gemeinsam wachsen.

So viele Jahre lang arbeite ich nun schon mit Menschen in Therapieprogrammen, und immer wieder höre ich zu Beginn die Worte: "Also gut, wo ist der Doktor?" Aber kein Gesundheitsprogramm auf der ganzen Welt wird jemals erfolgreich sein, wenn der Patient vom Arzt abhängig bleibt, denn dann bleibt der Patient immer ein Patient und der Arzt immer in der Rolle des Arztes. Wenn man sich selbst erziehen will, so sind Bücher, Lehrer und andere äußere Hilfsmittel ausgezeichnet, aber man muß die Arbeit des Lernens ja trotzdem selber leisten. Man muß sich selbst in einen Lernprozeß verwickeln. Von einem Lehrer geschult zu werden, ein paar Tage lang ein Seminar zu besuchen und dann zu sagen: "Das war gut, ich habe viel gelernt", ist für sich allein genommen noch keine ausreichende Hilfe, selbst dann nicht, wenn das Lernprogramm sehr anregend war. Denn der eigene Lern- und Erziehungsprozeß ist durch so etwas ja keineswegs vollständig abgeschlossen. Das eigentliche Selbsterziehungsprogramm beginnt erst dann, wenn man zu diesen äußeren Hilfsmitteln sich selbst hinzufügt, in den Prozeß eintaucht, fühlt, teilnimmt, begreift. Sonst bleiben Glück, Vollkommenheit und *samadhi* bloße Worte, die man einmal in Büchern gelesen hat. Wir können sie buchstabieren, wir wissen, wie man sie schreibt, aber wir erfassen ihre Bedeutung nicht. Jeder Mensch hat in seinem Innern alles, was er braucht, um die höchste Weisheit zu erlangen.

Wenn man sich selbst nicht mit Hilfe der eigenen unmittelbaren Erfahrung erforscht, wird man immer von der Meinung anderer abhängig bleiben. Man wird nie die Möglichkeit haben, auf eigene Faust den Dingen auf den Grund zu gehen. Geht z.B. jemand zu seinem Lehrer und sagt: "Ich hatte ein psychisches Erlebnis, was halten Sie davon?" so bedeutet das - in dem Augenblick, wo er die Frage stellt oder Bestätigung sucht - daß er einen leisen Zweifel hat. Eine Erfahrung aber, welche in sich selbst schlüssig ist, braucht keinerlei Bestätigung. Sie wird zum Führer im Leben eines Menschen; und dann kann man auch furchtlos werden. Man sollte einen Prozeß der Selbstprüfung, der Selbstanalyse und der Selbsterziehung durchlaufen, denn das ist der einfachste Weg, um ein Selbst-Verständnis zu gewinnen und auf allen Ebenen vollkommen gesund zu werden.

Eines der größten Probleme im menschlichen Leben ist, daß wir uns oft dazu gedrängt sehen, etwas zu tun, ohne ganz zu begreifen, warum wir es tun. Hat man z.B. gerade Schmerzen und es ist kein Arzt in der Nähe, so wird einem jeder irgendein Medikament empfehlen, das man einnehmen oder eine bestimmte Behandlung vorschlagen, die man anwenden soll. Man wird zum Gefangenen der Ratschläge anderer und gebraucht seinen eigenen gesunden Menschenverstand nicht mehr. Man verzichtet darauf, seinen eigenen Verstand einzusetzen, um selbst zu entscheiden, was man tun sollte. Man sollte nicht zulassen, daß man von der Meinung anderer abhängig wird. Man sollte das tun, was man selber denkt, nicht das, was andere denken. Doch sollte man auf der andern Seite auch nicht so selbstgefällig sein, die Ratschläge anderer erst gar nicht zu hören und in Betracht zu ziehen, denn gutes wechselseitiges Aufeinandereinwirken von Menschen ist ebenfalls sehr wichtig.

Man sollte den Gedanken der Selbsterziehung akzeptieren, aber man sollte nicht gleich Riesenentschlüsse fassen. Am besten fängt man mit ganz kleinen Dingen an. Zu Beginn sollte man lernen, bei sich zu Hause sanft und freundlich zu den Menschen zu sein, die man liebt. Ein Ehemann sollte ein sehr guter Ehemann sein und eine Ehefrau eine sehr gute Ehefrau. Dies nur zu versuchen, ist schon ein Zeichen von Wachstum. Man sollte die Menschen, die man liebt, diese Zeichen von Wachstum spüren lassen und dann seine eigene Entwicklung betrachten und sich daran freuen. So wie man ein Kind heranwachsen sieht, genauso sollte man lernen, seine Fortschritte wie ein kleines geistiges Kind in sich wachsen zu sehen. Sich auf diese Weise geistig und seelisch zu entwickeln, sollte nicht die Erfüllung der täglichen Pflichten beeinträchtigen. Man sollte beides allmählich miteinander verbinden und auf sanfte Weise neue Gewohnheiten annehmen, um so das geistige und seelische Wachstum zu fördern.

Wenn man um des Übens willen sein Leben in zwei Welten aufteilt, in die innere und in die äußere Welt, dann wird es sehr leicht, Fortschritte zu machen. Dann wird eine allmähliche Wandlung und kein plötzlicher Wechsel stattfinden. Man sollte keinen solchen Wechsel erwarten und auch nicht denken, daß sich durch die Arbeit an und mit einem selbst das eigene äußere Erscheinungsbild verändert. Das wird nicht geschehen. Aber eine Wandlung ist möglich. Eine langsame Wandlung ist kein plötzlicher Wechsel; sie ist Wachstum. Wenn man lernt, seine Persönlichkeit zu wandeln, wird man beides verstehen, die Bedingungen seines Innern und die Welt um einen herum.

Sobald man zu üben beginnt, wird man entdecken, daß sich die eigene Persönlichkeit zusammensetzt aus dem Denken oder äußeren Leben und den Gefühlen oder dem inneren Leben.

Die innere Persönlichkeit sollte man zunächst einmal beiseite lassen und sich mit seinem äußeren Verhalten beschäftigen. Auf diese Weise kann man seinen Geist, sein Handeln und seine Sprechweise steuern. Man sollte lernen, weniger zu sprechen und nutzloses Geschwätz vermeiden. Wenn man jene Energie bewußt steuert, die jetzt noch auf vielen Straßen in die äußere Welt hinausläuft, kann man erreichen, was immer man will. Manchmal kann ein bloßer Wunsch bewirken, daß etwas Bestimmtes geschieht, denn der Wunsch kann so mächtig sein, daß das Gewünschte von selbst passiert. In der äußeren Welt geschieht nichts, was nicht schon zuvor in der inneren Welt geschehen ist. Eine Pflanze wird nicht sprießen, wenn nicht das Samenkorn schon in seiner Schale zu wachsen begonnen hat. Alle Dinge, die sich außen ereignen, sind schon lange zuvor im Innern geschehen. Aber etwas bloß zu wollen und Willenskraft zu gebrauchen ist zweierlei. Wenn man z.B. etwas tun will und es dann nicht kann, so deshalb, weil dieser Wille von keinerlei Kraft unterstützt wird. Es ist keine Entschlußkraft dahinter. Wenn jemand eine so feste und sichere Entschlußkraft besitzt, daß sie weder Ablenkung noch Hindernis akzeptiert, dann kann seine Willenskraft in der Welt alles erreichen.

Als Kind fragte ich einmal meinen Lehrer: "Was ist freier Wille?" Er erwiderte: "Stell dich dorthin." Das tat ich und stand fest auf beiden Beinen. Darauf sagte er: "Steh auf einem Bein." Auch das tat ich. Dann fuhr er fort: "Nun hebe beide Beine." Ich sagte: "Das ist unmöglich." Er sagte: "Du hast 50% deines Willens zu deiner unmittelbaren Verfügung. Du solltest zunächst einmal diese nutzen lernen. Die andern 50% kommen dann, wenn du gelernt haben wirst, die ersten 50% zu nutzen." Wenn man etwas tun will und keine Kraft zur Unterstützung seines Willens finden kann, dann wird es nicht geschehen. Wenn aber Kraft dahinter steckt, so geschieht es. So ist also der nächste Schritt in der Selbsterziehung, seinen freien Willen mit Entschlußkraft und Kreativität gebrauchen zu lernen.

Wann immer ein Problem auftaucht, sollte man nicht versuchen, ihm auszuweichen. Man sollte lernen, ihm ins Gesicht zu sehen und sich ihm zu stellen. Wenn man sich ihm stellt, wird man sehen, daß es gar nicht so schlimm ist, wenn man aber versucht zu flüchten, wird man sich dadurch noch mehr Probleme aufhalsen. Wohin auch immer man sich wendet, wird man neuen Störungen begegnen, aber man kann nicht voraussehen, welcher Art diese Probleme dann sein werden. Man kann den Störungen und Verwirrungen des Lebens nicht entgehen, also nützt Weglaufen nichts. Deshalb sollte man seinen Problemen lieber tapfer und ehrlich ins Auge sehen.

Als nächstes sollte man lernen, ehrlich mit sich selbst zu sein. Das heißt nicht, daß man selbstsüchtig sein soll. Ehrlich zu sein bedeutet, daß man auf sein Inneres hört. Sinn und Zweck aller großen Schriften der Welt ist es, einem dabei zu helfen, mit dem Teil seiner selbst in bewußten Kontakt zu kommen, den wir Gewissen nennen. Diese Bücher haben die Aufgabe, dich mit dir selbst bekannt zu machen, mit dem Teil deiner selbst, den nur du kennen kannst. Wenn man seinem Gewissen folgt, stärkt das die Intuitionskraft. Es ist der erste Schritt auf dem Wege zur Erkenntnis des wahren Selbst, also in Richtung Spiritualität.

Als nächstes sollte man die Philosophie der Liebe oder der Losgelöstheit von den Dingen lernen. Sie wird dir Frieden bringen. Dies bedeutet aber nicht die Abwendung von den

Dingen dieser Welt oder den Verzicht auf sie, sondern es bedeutet, daß man sich nicht von der Welt absorbieren läßt, daß man sich nicht in ihr verliert. Man sollte über den Dingen stehen. Dann kann man alles, was einem begegnet, lieben als ein Mittel, sein Ziel zu erreichen. Ganz gleich, was geschieht, man sollte immer sein Ziel vor Augen haben, um seine innere Ruhe bewahren zu können. Man sollte lernen, die innere und die äußere Welt im Gleichgewicht zu halten, aber von seiner inneren Welt muß man mehr verstehen, weil man aus dieser wahren inneren Welt stammt und ihr Bürger ist. Wenn man seine Beziehungen zu andern Menschen gut und richtig gestaltet, in der äußeren Welt seinen Pflichten nachkommt und die Kunst versteht, in der äußeren Welt zu leben, und doch innerlich nicht glücklich ist, dann ist man nicht ausgeglichen, weil man nicht in sich ruht und kann nicht als ganze, runde Person betrachtet werden. Ruhe bekommt man weder dadurch, daß man sich von der Welt isoliert noch dadurch, daß man sich in ihr verliert. Diese beiden Extreme sind nicht gesund für menschliches Wachstum. Die Haltung eines Menschen in der äußeren Welt sollte ausgeglichen sein, und in der inneren Welt sollte seine Wahrnehmungsfähigkeit für das Zentrum der Realität[1] mehr und mehr wachsen. Es ist leicht, in der äußeren Welt zu handeln, wenn man sich dabei der inneren Wirklichkeit bewußt bleibt. Also sollte man lernen, diese innere Wirklichkeit ununterbrochen wahrzunehmen, während man handelt.

Zwei Regeln können einem hierbei helfen. Die erste lautet: Baue auf dich selbst. Wenn du nicht glücklich bist, erwarte nicht,

1. Gemeint ist das Bewußtseinszentrum (Anm. d. Übers.).

daß andere dich glücklich machen. Kein Mensch kann einen anderen glücklich machen. Das ist das einzige Rezept, das einem dabei helfen kann, in der Welt glücklich zu werden, und wer das nicht begreift, wird niemals glücklich sein. Wenn jemand behauptet, daß er einen andern glücklich machen könne, so lügt er. Niemand kann einen andern glücklich machen. Die Menschen können einander nur ab und zu ein bißchen helfen. Das ist so, als wenn z.B. etwas mit deinem Haus passiert ist. Dann mag z.B. dein Nachbar kommen und dir flicken helfen. Aber wenn man dabei zu sehr von andern abhinge, so würde man nach einiger Zeit jedermann zu danken haben, und diese Dankverpflichtungen würden zum Fluch. Man würde sehen, daß das ganze Haus nur noch aus Flicken besteht und keine solide, gesunde Struktur mehr hat. Eines Tages würde es einstürzen. So sollte man also lieber sein Haus selbst wieder aufbauen und nicht von anderen abhängen; andernfalls läßt man zu, daß man selbst zu solch einem aus Flicken zusammengesetzten Haus wird. Man sollte sich auf sich selbst verlassen und lernen, sich selber glücklich zu machen. Viele Menschen erwarten ihr Glück von andern, aber sie sind niemals glücklich, ganz gleich, wie sehr diese andern sich anstrengen mögen, ihnen Freude zu machen. Das Leben ist nicht nur auf diesen kleinen Ausschnitt beschränkt, den man sehen kann. Es ist ein langes Fortschreiten von Unbekanntem zu Unbekanntem. Glück ist eine Geisteshaltung und kommt aus einem inneren Zustand der Ruhe, der es einem erlaubt, diesen langen Weg unbeirrt zu gehen. Aber wenn man Freuden erwartet, muß man notwendigerweise auch mit Schmerzen rechnen. Das Leben ist wie eine Münze: auf der einen Seite ist Freude, auf der andern Schmerz. Man sollte begreifen, daß beide Seiten untrennbar zusammengehören und das Leben so akzeptieren, wie es ist. Wenn man lernt, sich selbst zu vertrauen, wird man glücklich sein.

Einen inneren Dialog mit sich selbst zu führen ist das zweite, was einem dabei helfen kann, sich der Wirklichkeit in seinem Innern bewußt zu bleiben, während man in der Welt handelt. Man sollte sich jeden Morgen hinsetzen und mit sich selber sprechen. Das wird einem helfen, mehr über sich zu erfahren; und wenn man sich selbst kennt, wird man nicht selbstgefällig. Alle alten Schriften sind Dialoge. Christus sprach mit seinen Aposteln; Moses sprach mit den Schriftgelehrten; Krishna sprach mit Arjuna[1] - all dies sind Dialoge. Wir sollten lernen, einen Dialog mit uns selbst zu führen. Man sollte sich selber fragen: "Habe ich recht? Bin ich wirklich gerecht?" "Warum fühlst du dich schlecht? Die Leute sagen, du bist schlecht. Aber glaubst du das auch? Willst du das akzeptieren? "Ich glaube, ich habe schlecht gehandelt, aber es verletzt mich, ich will es nicht zugeben." "Du hast Angst, verletzt zu werden, aber du willst diese Tatsache nicht sehen. Das bedeutet, daß du schwach bist." "Und wie kann ich stark sein?" "Vielleicht solltest du ehrlich sein. Es ist diese Unehrlichkeit, die deine Kraft untergräbt."

Einen Dialog dieser Art sollten Sie im Geist jeden Tag mit sich selber führen. Ein solcher bewußt geführter innerer Dialog kann beruhigen und alle schlechten Gefühle wegwaschen. So ein Dialog ist eine der besten Therapien, die es gibt und bereitet auf

1. In der Bhagavadgita, einem berühmten altindischen Epos, das die Grundelemente der Yogaphilosophie enthält. (Anm. d. Übers.)

die Therapie durch Meditation vor. Therapie durch Meditation ist, wenn sie richtig verstanden und angewandt wird, die höchste aller Therapieformen und lehrt, wie man auf allen Ebenen ruhig werden kann, wie man körperlich zur Ruhe kommt, ruhig und gleichmäßig atmet und einen ruhigen, bewußten Geist erwirbt. Wenn man es dem Unbewußten ermöglicht hat, ans Licht zu kommen, kann man über es hinausgehen, und jene innere Wirklichkeit tritt ins Bewußtsein und dehnt sich aus. Man kann den Geist in seiner Gesamtheit nicht erforschen, wenn man nicht jene Spezialtechnik anwendet, die wir Meditation nennen; und wer diese Methode, nach innen zu schauen, nicht benutzt, wird niemals in der Lage sein, sein Inneres zu verstehen. Er wird nicht fähig sein, zu kommunizieren, Beziehungen zu knüpfen zur äußeren Welt oder seine Intelligenz auf kreative Weise zu nutzen. Diese Fähigkeiten erwirbt man, wenn man sich auf ein Selbsterziehungsprogramm einläßt.

Wenn man beginnt, jene innere Welt zu erforschen, bemerkt man bald, daß die Welt im eigenen Innern größer ist als die Welt draußen. Die Außenwelt um einen herum ist in Wahrheit sehr klein, aber wenn man die Augen schließt, kann man in seiner Innenwelt zur Sonne, zum Mond und zu den Sternen reisen. Im Geist kann man überall hin reisen, und man braucht dazu niemandes Hilfe. Man kann in sich selbst eine große Welt schaffen, und diese kann viele verschiedene Ebenen haben. Als erstes kommt man in Berührung mit der Welt seiner eigenen Gedanken. Aber wo kommen diese Gedanken her? Das ist so, als wenn man am Ufer eines Sees steht und einen Kieselstein ins Wasser wirft. Der Kieselstein ruft viel Wellengekräusel hervor, und wenn er unten auf dem Boden des Sees angekommen ist, verursacht er Blasen. Diese Blasen steigen nach oben und veranlassen noch mehr Wellengekräusel. In der äußeren Welt wirkt eine Sinneswahrnehmung so wie ein Kieselstein im See des Geistes. Sie hinterläßt einen Eindruck in unserm Geist und verursacht viele Blasen. Wenn sie einen dauernden Eindruck hinterläßt, so nennen wir das Erinnerung. Wenn man eine Meditationstherapie durchmacht, so kommt man zunächst mit seinen frischen Erinnerungen in Berührung. Danach gelangt man zu seinen alten Erinnerungen und dann zu jenen formlosen Erinnerungen, die tief im Innern schlafen und von denen man bis zu diesem Moment nichts gewußt hat. An formlose Tatsachen kann man sich so lange nicht erinnern, bis man mit dem Teil seines Geistes in Berührung kommt, der der verborgene genannt wird, und wenn wir mit ihm in Kontakt kommen, zeigt er uns den Weg. Diese Erfahrung gleicht dem Erlebnis, das man hat, wenn der aufs Meer hinaus weichende Nebel den Blick auf die Welt freigibt. Ein ungeborenes Kücken, das in der Schale bleibt, kann sich niemals vorstellen, was draußen ist, aber wenn die Eierschale zerbrochen ist, ändert sich die gesamte Situation. Man sollte lernen, die Schale, die man um sich herum geschaffen hat, zu zerbrechen, denn Grenzen um sich zu ziehen, engt die Persönlichkeit ein.

Wie kann man diese Tatsache, diese Realität, jenseits von Namen und Formen erfassen? Wenn der Geist dafür vorbereitet ist, dann wird er den Weg der Spiritualität beschreiten und sich selbst erleuchten. Das geschieht durch die unmittelbare Erfahrung, die man in seinem Innern macht. Das kann nicht hergestellt noch erworben werden. Wie können wir wissen, was Erleuchtung ist? Wir wissen es, weil die großen Menschen, die genauso geboren wurden wie wir, deren Mütter wie unsere Mütter waren, die auf der Erde wandelten und Menschen, aber Erleuchtete waren, es uns gesagt haben, und auch, wie wir es erreichen können. Die Menschen begreifen nicht, daß sie ganz und vollständig sind. Sie sind in Zweifel über ihre eigene Existenz, aber sie möchten gerne an die Existenz von etwas glauben, was sie weder wahrgenommen, noch gefühlt, noch gesehen haben. Sie sollten lernen, zuerst an ihre eigene Existenz zu glauben, sie zu schätzen und zu bewundern. Das ist es, was die Existenz Gottes beweist.

Jeder von uns ist ein Teil der Ewigkeit. Wenn Gott allgegenwärtig ist, dann ist er auch in uns. An dem Tag, an dem wir begreifen lernen, daß all unsere Grenzen durch mangelnde Selbsterkenntnis, Gedankenlosigkeit und Selbstsucht geschaffen worden sind, an dem Tag können wir sie durchbrechen und erleuchtet werden.

Mein Lehrer pflegte zu sagen: "Du bist schon Gott. Also versuche nicht, Gott zu kennen. Der göttliche Teil ist schon da, er ist in dir. Alles, was du zu tun hast ist, ganz Mensch zu werden. Das ist der Teil, den du zu tun hast - ein guter Mensch zu werden, so daß die Realität, die wir Gott nennen, frei und spontan fließen kann. "Die Menschen verhalten sich abnorm und versuchen, Erleuchtung zu erlangen, ohne zu verstehen, was das ist. Unser größtes Unglück ist, daß jeder von uns ein Zuhause besitzt, aber den Weg vergessen hat, der dorthin führt. Wir identifizieren uns nicht mit der Realität Gottes in unserm Innern. Wir identifizieren uns nur mit dem, was uns passend und bequem und für den Augenblick tröstlich und erfreulich scheint. Aber nachdem man in seinem Leben durch so manche Erfahrung hindurchgegangen ist, lernt man, obgleich man einen Körper hat, daß man noch etwas anderes ist, das weit über ihn hinausgeht.

Erleuchtung ist eine Erweiterung des Bewußtseins. Wird man erleuchtet, so wird man etwas gewahr, das größer ist als man selbst, etwas, das größer ist als Eigennutz und Eigeninteressen. Je genauer man andere Menschen wahrnimmt, desto näher gelangt man an das Zentrum, wo man die Einheit findet, die der Vielfalt der Erscheinungen zugrundeliegt. All diese Verschiedenheiten sind nur oberflächliche Schichten der einen Einheit. Es gibt viel Erstrebenswertes, aber nur ein großes Ziel. Es gibt viele Wellen, aber nur ein Wasser. Alle Menschen sind verschieden, aber sie atmen alle die gleiche Lebenskraft ein und aus. Ganz gleich, welcher Religion man angehört, es gibt nur einen Schöpfer und Herrn all dieser verschiedenen Wesen. Wenn man diese Realität ein Weilchen betrachtet, fängt man an nachzudenken und dann zu verstehen, fängt man an, die Wahrheit zu begreifen. Wenn man möchte, daß Gott sich einem offenbart, dann wird er das tun, aber vorher muß man die richtigen Bedingungen dafür schaffen. Wenn Sie mit einer Glühbirne in der Hand zum Elektrizitätswerk gingen und fragten: "Würden Sie mir bitte meine Glühbirne anmachen?" so könnte man Ihnen dort nicht helfen. Die Steckdose befindet sich in Ihrem eigenen Haus. Dort haben Sie den Lichtschalter und alle Anschlüsse. Warum also brauchen Sie Strom von außerhalb, wenn er doch schon in Ihnen selber fließt? Das Elektrizitätswerk ist in Ihnen. Es ist bereit, Ihnen Strom zu liefern, aber nur, wenn Sie auch die richtigen Anschlüsse haben. Sie rufen: "O Elektrizitätswerk, o Elektrizitätswerk, komm doch bitte her zu mir!"

Aber es ist doch schon da! Alles, was Sie brauchen, sind ein paar Anschlüsse.

Wenn du dich selbst wahrhaft verstanden hast, bist du eins mit der Quelle von Frieden, Segen und andauerndem innerem Glück. Dann hast du einen Zustand erreicht, den wir Erleuchtung nennen und du wirst zum Instrument, das von der Quelle in dir gespielt werden kann. Wenn du Gitarre spielen willst, dann mußt du sie zuerst stimmen, und das ist eine schmerzvolle Angelegenheit für die Gitarre. Wenn du wirklich erleuchtet werden willst, dann bereite dich darauf vor. Alle Teile deines Körpers müssen richtig gedreht und gestimmt werden, denn E R möchte spielen. Dann darfst du nicht selbstsüchtig sein. Wenn du selbstsüchtig bist und Widerstand leistest, wirst du brechen. Du bist wie eine Gitarre, auf der gespielt wird: Laß es einfach geschehen und werde zum willigen Instrument, dann wird es keine Probleme geben.

Anmerkungen

Zu Seite 10:

In der Yoga-Philosophie hat der Mensch fünf Hüllen oder Körper um sein wahres innerstes Selbst (hier Bewußtseinszentrum genannt):

1. den physischen Körper aus Fleisch und Blut, der durch Nahrung erhalten wird und somit aus Nahrung besteht
2. den Atemkörper (auch Prana - oder Energiekörper)
3. den Geist oder Geistkörper
4. die Vernunft oder Buddhi
5. die Hülle der Wonne und Seligkeit, unter der dann unser unsterbliches Selbst liegt (nicht zu verwechseln mit dem Ego, dem Ich, das Teil des Geistes ist und nicht unsterblich, unveränderbar und göttlich wie das Selbst)

Zu Seite 89:

In der Yoga-Philosophie unterscheidet man vier Bewußtseinszustände: das Normal- oder Wachbewußtsein, den Traumzustand (in dem wir mit unserem Unterbewußtsein in Verbindung kommen können), den Schlaf (in dem wir in unser Bewußtseinszentrum, in unser Selbst eintauchen, jedoch ohne uns beim Erwachen daran erinnern zu können), und den Zustand der Meditation (wenn wir aus unserem Wachbewußtsein, ohne zu schlafen, willentlich mit dem göttlichen Teil in uns, dem Selbst, in Verbindung zu treten vermögen und uns nachher auch daran erinnern können).

Das Himalaya Institut
für Yoga-Wissenschaft und Philosophie e.V.

Das Himalaya Institut wurde 1981 in Ahrensburg gegründet. Die Grundlage seines Wirkens wird durch die 3000 Jahre alten Weisheitslehren aus dem Himalaya inspiriert. Auf dieser Basis hat ein Team von Menschen aus unterschiedlichen Berufen einen Ort des persönlichen sowie spirituellen Wachstums entstehen lassen. Der Träger ist ein gemeinnütziger Verein.

Das Himalaya Institut e.V. am Rande Hamburgs bietet Menschen jeden Alters Vorträge, Kurse und Seminare in Hatha Yoga, Entspannungsverfahren, Streßbewältigung, Yoga-Philosophie, Meditation und psychologischen Themen an. Ein Schwerpunkt liegt darin, einen lebendigen Austausch zwischen westlicher und östlicher Philosophie und Psychologie anzuregen und für konkrete Fragestellungen unserer Gesellschaft nutzbar zu machen. Vor diesem Hintergrund wurden Angebote im Bereich Konfliktberatung, Führungskräfte- und Mitarbeitertrainings, Coaching und Mentoring entwickelt.

Ebenfalls wird eine mehrjährige Yogalehrausbildung durchgeführt, die vom Berufsverband der Yogalehrenden in Deutschland (BDY) und der Europäischen Yoga-Union (EYU) anerkannt ist. Darüberhinaus besteht die Möglichkeit, im Rahmen eines Aufenthaltsprogramms eine Zeit im Institut zu wohnen und sich dort intensiv mit dem eigenen Wachstum und dem Studium der Yoga-Tradition auseinanderzusetzen.

Dem Institut ist eine psychologische Praxis angegliedert, in der ein Team von Psychologen diagnostisch, beratend und therapeutisch tätig ist. Es wird versucht, westliche und östliche therapeutische Ansätze dabei fruchtbar miteinander zu verbinden.

Weitere Informationen erhalten Sie beim
Himalaya Institut e.V., gemeinnütziger Verein,
Hagener Allee 70d, 22926 Ahrensburg.
Tel.: 04102-32835; Fax: 51220
e-mail: info@himalaya-institut.de